CE QU'ON VOIT

DANS LA MAIN

PROPRIÉTÉ

Théodore Lefèvre

7544-79 — Corbeil. Typ. et stér. Crété.

CE QU'ON VOIT
DANS LA MAIN

CHIROMANCIE ANCIENNE ET MODERNE

EXPLIQUÉE PAR

A. DE PARA' D'HERMÈS

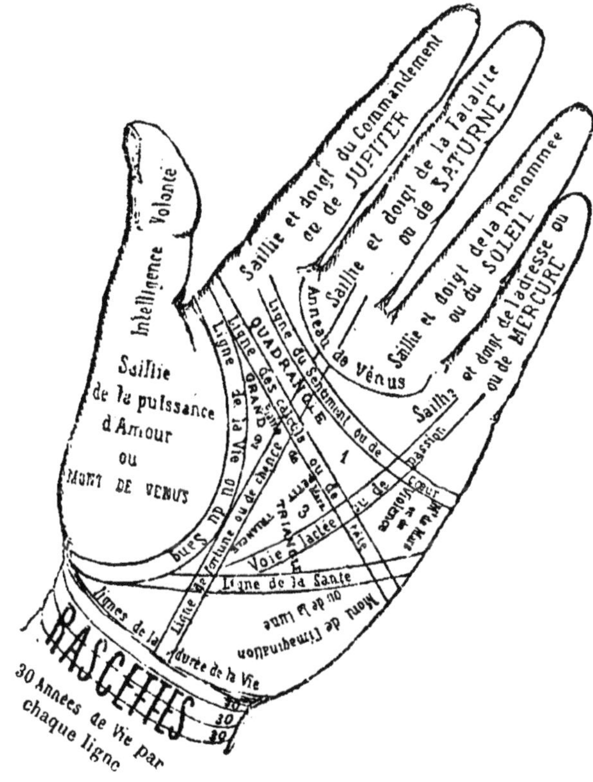

PARIS

THÉODORE LEFÈVRE, ÉDITEUR

2, Rue des Poitevins

CE QU'ON VOIT
DANS LA MAIN

INTRODUCTION

CE QU'ON VERRA DANS CE LIVRE

A l'aide du présent petit livre, la jeune fille pourra découvrir dans la main de son fiancé ou de son futur époux : 1° *s'il est d'un caractère large et généreux* ou *d'un esprit mesquin et étroit* (chapitre du Quadrangle, p. 106); 2° *s'il a ou non l'intelligence propre à le faire réussir dans ses affaires* (chapitre du Grand-Triangle, p. 107). — De son côté, le jeune homme pourra d'avance reconnaître dans la main de sa future épouse : 1° *si celle-ci est bonne, affectueuse et aimante*, et *si elle sera dévouée à son époux et à ses enfants* (même page 106); enfin (p. 107) *si elle est disposée ou non pour réussir dans les affaires d'un commerce, d'une industrie* ou *dans les arts*, etc.

A l'aide du même livre, les parents d'un enfant pourront savoir par avance, en examinant la main de cet enfant, *s'il pourra ou non réussir dans la carrière des études*, ou s'ils doivent de préférence le pousser dans celles de l'industrie, du commerce ou des arts, etc. (chapitre du Petit-Triangle, p. 109).

Le même livre donne également le moyen à toute personne qui a besoin d'un domestique de savoir d'avance, par l'inspection de la main de la personne qui se présente, *si ce domestique sera facile à conduire* ou s'il ne voudra faire les choses qu'à sa tête et malgré tout ordre contraire; etc. (chapitre des pouces longs et des pouces courts, p. 56, 57 et 58).

Toutes ces indications pratiques (qu'aucun livre de chiromancie ou autre n'a jamais encore données) sont complétées dans celui-ci par une CONCLUSION où se trouve indiqué, pour la première fois aussi, *comment tous les caractères sont utiles et quel emploi l'on doit faire de chacun d'eux*, tant dans la famille que dans la société.

Enfin, dans l'APPENDICE qui termine ce petit ouvrage, il est donné à tous le moyen agréable de deviner, *par la connaissance de* LA COULEUR *qu'une personne préfère*, non-seulement le caractère et le tempérament de cette personne, mais encore la forme, les saillies et les principales lignes de ses mains.

I

Charmante lectrice, en regardant votre main, qui ne peut être que belle et bien faite, je n'en doute pas, vous ne pouvez guère y voir que ce que tout le monde y voit, y admire : votre peau lisse et satinée, vos doigts effilés et gracieux, et vos jolis ongles roses.

Vous ne pensez pas, bien certainement, que vous avez sous les yeux *un livre* où l'on peut lire toute votre vie, autant celle déjà écoulée que celle du moment présent; un livre par lequel on peut même soulever le voile qui recouvre encore la partie de cette vie qui est à venir.

Ce n'est pas moi qui le dis; c'est l'écrivain sacré, dans un livre vénéré de tous, la Bible :

« Dieu, y est-il dit, a écrit dans la main des hommes, pour qu'ils connussent leurs œuvres. »

En effet cette jolie main, belle enfant, est l'instrument de votre cerveau. A peine une pensée y a-t-elle pris naissance, que déjà votre main a fait un geste, et s'est disposée à exécuter ce que veut cette pensée.

Supposez que vous êtes devant un miroir, une glace, qui reflète votre gracieux visage, votre taille svelte, votre fine tournure.

Si vous apercevez une simple boucle de vos blonds cheveux (que vous les ayez noirs, cela ne sera pas différemment) qui ne soit pas bien à sa place, qui rompe l'harmonie de l'ensemble de votre coiffure, eh! bien, votre main ne s'est-elle pas déjà portée à cette boucle pour la reformer, la replacer où elle doit être, et la mettre d'accord avec toutes les autres.

Vous le voyez donc bien, votre main n'a fait que servir votre pensée; elle en a à peine attendu les ordres, elle les a pour ainsi dire devinés, tellement elle est servante attentive et fidèle.

Il n'est donc pas étonnant qu'entre votre cerveau, cette ruche où bourdonnent, comme d'actives abeilles, tant de jolis rêves, et cette main qui ne demanderait pas mieux que d'aider à amener à la réalité ces fugitives images, il n'y ait un rapport de conformation et de disposition semblables, et que, plus tard, on puisse retrouver dans cette main les principales impressions dont votre cerveau aura pu être affecté; car ces impressions auront laissé dans votre main quelques-unes des traces qu'elles auront imprimées dans votre cerveau.

II

Ces traces, je vais vous le dire en grand secret, ma belle lectrice, je les vois dans *ce millier de petites lignes entre-croisées* que m'offre non pas l'intérieur de votre main, la vie ne s'étant pas encore permis d'en rider la surface, mais le creux de la main de cette vieille fille, votre voisine, dont le caractère manquant de grâce et d'amabilité, l'a laissée jusqu'ici sans trouver un mari; et ce sont ces petites lignes qui m'apprennent pourquoi elle n'a pu y réussir, et combien de chagrins cet insuccès lui a causés et lui cause encore tous les jours.

Mais vous, belle enfant, dont les lèvres qui ont l'incarnat de la cerise fraîchement cueillie, ne savent que sourire, vous le trouverez ce mari que votre pensée et votre cœur rêvent, et, quand vous le voudrez, vous n'aurez que le choix. Cela, je le vois encore dans votre main, et je le reconnais à des signes que je vous indiquerai plus tard.

III

Ah! dans votre main je vois encore bien des choses: *Sa petitesse*, toute mignonne, qui fait ressembler cette main à la main d'un enfant, m'apprend que cette main n'est point faite pour de gros ouvrages, et que ce qu'elle réussira le mieux, ce sont de fines broderies où pourront se jouer les caprices de votre imagination, se dessiner les arabesques de votre fantaisie.

Sans avoir besoin de la toucher cette main, j'y vois que *sa mollesse* apparente peut devenir à l'occasion très-ferme et très-résistante, et que si elle saura adoucir son contact et le rendre chaud et velouté en pansant une plaie ou une blessure, elle saurait au besoin se faire froide et dure pour repousser un méchant.

Près de vous, comme auprès de la Mimi Pinson d'Alfred de Musset, il faudra être honnête, et, comme elle, vous n'aurez pas bien loin de votre tête « votre bonnet. »

Et vous savez déjà que la main a bien vite servi la tête.

IV

Ces *doigts pointus,* de même que cette peau lisse et satinée, sont pour moi un indice que, près de vous, ma charmante, la conversation ne tarira pas facilement ; vous ne chercherez pas longtemps la réplique à ce que l'on pourra vous dire, ou aux objections que l'on voudrait vous opposer.

Si je compare *la longueur de vos doigts* avec celle de la partie pleine de votre main que j'appelle la paume, j'y vois qu'un homme pourra vous aborder, sans qu'il ait eu besoin de regarder vingt fois à la glace si le nœud de sa cravate est bien fait, bien correct ; et qu'on peut espérer de vous plaire même avec un grain de poussière resté sur le col d'un habit, même avec un chapeau dont le poil se serait un peu ébouriffé, pourvu que l'on n'ait rien dans l'ensemble de la tournure et des manières, qui vous désoblige.

Ah ! la longueur des doigts de la vieille fille dont je vous parlais tout à l'heure, bien plus étendue que celle de la paume de sa main, ne me dit pas tout à fait la même chose. J'y vois au contraire qu'elle a été et qu'elle est encore minutieuse, tatillonne, exigeante, regardant jusque dans le blanc des yeux de ceux qui l'abordent ; et que, pour lui plaire, il faudrait quelque peu ressembler à une gravure de mode, toute fraîche, et qui n'a pas encore été tirée de son keapseack.

V

Mais je m'empresse de quitter cette main roide et revêche, pour reprendre, ma belle enfant, l'examen de la vôtre, facile et douce, que vous me tendez avec tant de bonne volonté.

Les bosses ou *saillies* que j'aperçois à la racine de vos doigts, me révèlent que les *planètes*, ou fées qui ont présidé à votre naissance, vous ont été toutes favorables : qu'il n'y en a manqué aucune, et que pas une n'a voulu se faire votre ennemie.

L'une vous a donné la *bonté* (1), une autre vous a donné l'honnêteté (2); celle-ci vous a faite grande et généreuse (3); cette autre vous a douée de l'économie domestique et de l'adresse des doigts (4), et le mari que vous aurez trouvera en vous une bonne ménagère; une autre encore vous a donné l'imagination (5), l'enthousiasme et le besoin de modifier et varier votre extérieur, votre toilette, pour qu'aux yeux de votre mari vous ne soyez jamais une femme froide et monotone.

Enfin le don que vous a fait une dernière de ces planètes ou de ces fées, qui par sa nature n'est pas très-bonne (6), a été de ne point vous en faire.

Quoique présente à votre naissance, elle était de bonne humeur, et c'est beaucoup qu'elle ne vous ait point fait de mal.

Mais elle s'est bien rattrapée, ou plutôt déjà depuis longtemps elle avait donné cours à sa malice, lors de la naissance de la vieille fille, votre voisine, comme me l'ont révélé les bosses de la racine de ses doigts.

D'abord elle avait chassé d'auprès d'elle toutes les autres bonnes fées, et avait perverti les dons que celles-ci auraient voulu lui faire.

Elle avait changé pour elle la bonté, la douceur, la bienveillance, en méchanceté, en dureté, en rigueur; de grande et généreuse que l'aurait faite la fée qui porte ces

(1) Vénus. — (2) Jupiter. — (3) Apollon ou le soleil. — (4) Mercure. — (5) La lune. — (6) Saturne.

dons, cette méchante fée l'a faite petite, mesquine, et égoïste; elle l'a dépouillée de l'imagination et de l'enthousiasme, pour y substituer le positivisme et la froideur; elle lui a pourtant laissé l'honnêteté et l'économie domestique; mais cette honnêteté a amené chez elle le penchant à la critique, au blâme et à la médisance à l'égard d'autrui, tandis que son économie domestique se changeait en lésinerie et en avarice. Aussi ne trouvera-t-elle jamais un mari, ou, si jamais elle en trouve un, celui qui l'épousera aura eu, lui aussi, à sa naissance la méchante fée ou planète dont je vous parle, et cette fée, cette planète, ne l'aura pas regardé d'un bon œil. Car sa destinée conjugale sera bien fâcheuse, et je n'ai pas besoin de lire dans sa main pour la deviner.

VI

Continuant l'examen de votre main, je vois, par la forme de l'espace contenu entre les deux premières grandes lignes horizontales qui sont au-dessous de la racine des quatre doigts supérieurs, espace que l'on a appelé *Quadrangle* (1), je vois par cet espace que vous êtes d'un caractère franc, loyal et ouvert, et que vous ne cacherez jamais votre pensée, quelle qu'elle soit, ce qui promet à votre mari futur un intérieur calme et toujours heureux.

Dans la main de votre voisine, dont je vous ai déjà parlé, en examinant le même espace, j'ai remarqué le contraire. Ce livre vous dira pourquoi.

Mais si vous avez des amies, se disposant à se marier, qu'elles n'oublient pas, et n'oubliez pas vous-même, mademoiselle, quand cela vous concernera, avant de dire « oui » devant monsieur le maire, de regarder le plus ou moins d'étendue ou d'espace qu'occupe ce Quadrangle dans la main de votre futur époux, ayant eu soin d'abord de lire auparavant avec beaucoup d'attention le chapitre sixième, § 1 de la IIIme partie de ce livre (page 106) où je

(1) C'est l'espace qui dans la main-modèle placée en tête de ce livre porte le n° 1 (voir page 106).

parle du Quadrangle et indique ce que ses diverses formes peuvent signifier.

Car, par l'examen de cet espace dans la main de votre fiancé, vous et elles saurez, par avance, ce que vous pouvez espérer de tranquillité, ou redouter et attendre de contrariétés dans votre ménage futur.

Et si, vous ou elles, avez parmi vos parents ou vos amis des jeunes gens sur le point de contracter pareille union, avertissez-les pour qu'ils lisent de même dans ce livre le même chapitre, puis avant de se lier pour toujours devant l'officier municipal, qu'ils aient un peu étudié dans la main de leur fiancée, ce même espace du Quadrangle : car son étendue et sa conformation dans ses mains, les renseigneront de même aussi par avance sur ce que leur union leur apportera ou de contentement, de joie et de bonheur intime, ou de tristesses, de troubles et de chagrins plus ou moins concentrés.

Et non-seulement à eux, mais encore aux enfants qu'ils pourront avoir.

VII

En continuant l'examen de votre main, jeune fille, l'absence d'une figure, que je n'y vois pas et que je suis satisfait de n'y pas rencontrer, m'apprend que vous avez peu de goût pour les affaires industrielles. Vous ne ferez pas une bonne commerçante. Je ne le regrette pas pour vous, mais je ne vous en conseille pas moins de lire avec attention le chapitre de ce livre où il est question de cette figure que vous n'avez pas dans votre main, et qu'on appelle le Grand-Triangle (1).

Car si vous n'avez pas, vous-même, chère enfant, dans votre main, cette figure qui vous donnerait la capacité des affaires, il est essentiel qu'elle soit dans la main de votre mari; et avant d'accepter définitivement ce dernier, je vous conseille de vous assurer de ce fait.

Si même votre mari, plus tard, ou quelqu'un de vos parents a une affaire dont il veut confier le soin à une autre personne, qu'il ne le fasse qu'autant qu'il verra dans

(1) N° 2 de la main-modèle en tête de ce livre, voir page 107.

la main de cette personne cette figure du Grand-Triangle bien dessinée. Le chapitre sixième, § 2 de la IIIme partie de ce livre (page 107), lui dira pourquoi son affaire ne réussirait pas.

VIII

Une autre figure que le manque d'une seule ligne empêche d'être formée dans votre main, figure qu'on appelle le *Petit-Triangle* (1), m'avertit que vous n'aurez pas, non plus, le goût des hautes études, qui ne conviennent qu'à l'homme, ni la prétention à un grand savoir. Vous ne serez pas un *bas-bleu* et n'écrirez pas des romans philosophiques en plus ou moins de volumes... Je vous en félicite, et j'en félicite encore davantage votre futur mari.

Cependant si votre mari avait dans sa main cette figure du Petit-Triangle bien formée, il ne faudrait pas le refuser pour cela : car ce serait la marque qu'il est un esprit supérieur; et autant la supériorité d'esprit convient peu à la femme qui ne doit avoir que la supériorité de l'âme et du cœur, autant elle mérite d'estime quand elle se rencontre dans l'homme, et autant aussi elle fait espérer de bonheur et d'honneur pour la femme à qui cet homme sera uni.

De même si, plus tard, vous apercevez, bien dessinée dans la main de quelqu'un de vos enfants, cette figure du Petit-Triangle, ne craignez pas de laisser cet enfant se diriger dans la carrière des hautes études. Il aura à la fois la *capacité*, la *santé* et la *chance* nécessaires pour y réussir et même d'une manière brillante.

Quant à ceux de vos enfants qui n'auraient pas bien formé dans la main ce Petit-Triangle, évitez qu'ils abordent même cette carrière des grandes études intellectuelles : ils n'y réussiraient pas, même quand ils en auraient la capacité : car bien certainement ou la santé ou la chance leur ferait défaut.

La lecture du § 3 du chapitre sixième, IIIme partie de ce livre (page 109) sur le Petit-Triangle vous fera compren-

(1) Voir dans la main-modèle le n° 3 et page 109.

dre et vous permettra de reconnaître laquelle de ces deux ou de ces trois choses leur manquerait.

IX

Si j'examine maintenant *les lignes* de votre main, j'y vois celles qui forment la lettre M, bien dessinées et pures toutes les trois, ce qui m'avertit de la bonne harmonie de votre constitution physique et morale, et me fait voir que vous n'aurez à souffrir ni par le sang, ni par la tête, ni par le cœur.

Vous êtes vraiment née sous de bonnes étoiles. Car celle même que je croyais ne vous avoir fait aucun don, parce que je n'avais examiné que votre *main gauche*, se trouve d'avoir doué votre *main droite* de ce don sans lequel tous les autres dons sont inutiles, la faveur de la chance et de la destinée *pour tout ce que vous entreprendrez* ou qui viendra de votre détermination.

La lecture de mon livre, au chapitre III, IIme partie, page 65, vous indiquera quelle ligne me fait connaître cela.

Je vois encore dans votre main, chère enfant, bien des choses et qui ne sont pas moins favorables.

Mais je ne veux pas vous fatiguer ; et puis je veux vous laisser la surprise agréable de les reconnaître vous-même plus tard, après avoir un peu étudié ce petit livre, dans votre main, qui, comme vous le voyez, elle aussi, est un livre.

Seulement il faut savoir y lire.

La science qui vous apprendra cela et qui fait tout l'objet de ce petit ouvrage a reçu des anciens le nom de *Chiromancie* qui signifie *Divination par la main.*

Mais, comme je crois, belle enfant, vous l'avoir démontré et à tous mes lecteurs, dans cette introduction, cette science n'est point une divination, C'EST UNE LECTURE.

PREMIÈRE PARTIE

ORIGINE DE LA CHIROMANCIE.

CHAPITRE PREMIER

UN MOT D'ASTRONOMIE.

I

Les anciens, qui n'avaient point encore eu l'humilité de penser que l'homme descendît du singe, avaient cru pouvoir lui assigner une origine un peu plus élevée.

En contemplant, dans la splendeur des nuits de leurs climats, la voûte du firmament, et voyant cette voûte parsemée d'innombrables étoiles dont les feux scintillants arrivaient jusqu'à leur œil, et quoiqu'ils n'eussent pu encore mesurer ni même soupçonner l'immense masse de ces globes, de ces sphères, qui ne leur apparaissaient que comme des points lumineux, ils n'avaient pourtant point pensé que ce fussent de simples flambeaux s'allumant tous les soirs pour former au-dessus de nos têtes une illumination brillante.

Ils avaient une idée trop élevée de la Nature pour croire qu'elle eût produit de si grandes créations pour un si mince résultat.

Ils considéraient donc ces astres comme des foyers, ou les demeures célestes des génies supérieurs qui, dans leur pensée, devaient être préposés à la direction de chacune de ces sphères, génies dont ils avaient fait des divinités.

Et comme ils comprenaient déjà le magnifique principe

de l'unité et des rapports mutuels de toutes les créations entre elles, ils pensaient que ces sphères ou leurs génies ne pouvaient pas être sans avoir quelque influence sur notre globe, de même que sur ses productions et ses habitants.

Parmi ces étoiles, ils avaient remarqué que le plus grand nombre conservaient, dans la voûte céleste, les unes par rapport aux autres toujours la même position, la même place et la même distance, quoique se rapprochant plus ou moins de notre horizon suivant les heures, et même en disparaissant tout à fait pour reparaître et remonter plus tard sur cet horizon, ce qu'ils appelaient le coucher et le lever de l'astre, et attribuaient à un mouvement de tout le ciel, n'ayant pas encore soupçonné que notre terre tournât.

Ces étoiles, ils les avaient appelées *étoiles fixes.*

Et comme leur nombre était trop multiplié pour qu'ils pussent donner un nom à chacune, puisqu'ils n'auraient même pu les compter, ils les avaient divisées par groupes, mettant ensemble dans le même groupe celles dont le rapprochement et la position dans le ciel y semblaient former certaines figures ; et c'était par le nom de ces figures qu'ils avaient désigné chaque groupe, donnant à ces groupes le nom de *constellation*, qui signifie réunion d'étoiles.

Ces figures apparentes, formées par les constellations, et qui dans certaines de ces constellations sont très-bien dessinées en rapport avec leur nom, quoique dans beaucoup d'autres elles soient vagues et sans rapport direct avec ce nom, n'ont point leur cause connue.

Mais ce qu'il y a de certain, c'est qu'elles en ont une, car la nature est trop sage et se montre trop intelligente dans toutes ses œuvres, pour avoir jamais rien fait sans motif, et pour avoir fixé à certaine place du ciel telle étoile qui aurait pu, impunément pour les autres et pour elle-même, être placée ailleurs.

En raison donc de cette connaissance qu'avaient les anciens de la sagesse de l'auteur des êtres, en raison aussi des noms que la fatalité ou la Providence avait voulu que l'intuition ou la fantaisie humaine imposât à chaque constellation, ceux-ci attribuaient à ces constellations une action et une influence en rapport avec ce nom, et cette influence ils prétendaient qu'elle s'exerçait par la constellation qui se trouvait la plus élevée sur l'horizon dans le ciel au moment de la naissance d'un enfant, et qu'elle servait à modifier chez cet enfant soit son tempérament, soit son caractère, soit sa destinée dans la vie.

Recevoir d'une constellation céleste sa constitution et son état de vie, est toujours, dans tous les cas, bien plus élevé, bien plus honorable, bien plus désirable et bien plus digne d'une âme humaine, que de tenir tout cela de la transmission des bas instincts d'un quadrumane.

II

Mais, parmi tous les globes célestes, les anciens en avaient remarqué sept principaux, qui ne conservaient dans le ciel ni les mêmes rapports, ni les mêmes places, ni les mêmes positions, soit entre eux, soit avec les autres étoiles, ce qui leur avait prouvé que ces sept astres avaient chacun un mouvement particulier qui ne correspondait pas avec celui de tout le ciel.

Et à cause de cela ils avaient appelé ces sept astres *planètes*, ce qui signifie corps errants.

Mais parmi ces astres errants ou planètes, chacun restant plus ou moins de temps à reparaître au même point du ciel et à devenir en rapport avec les mêmes étoiles fixes, ils en avaient conclu que chacune de ces planètes avait sa révolution particulière et un cercle plus ou moins long à parcourir, avant de revenir au même point du ciel; et peut-être le nom qu'ils avaient primitivement donné à chaque planète, indiquait-il dans l'origine cette révolution et sa durée.

On sait que cette révolution qu'accomplit chaque planète, résulte pour celle-ci d'un double mouvement ; le premier par lequel la planète opère une rotation sur elle-même, tournant sur un axe ou essieu supposé, qu'on appelle pôle, absolument comme tourne sur son essieu la roue d'un char. Dans ce mouvement la planète présente successivement au soleil, de qui elle reçoit sa clarté, chacun des points de sa sphère contenus entre ses deux pôles ou les deux extrémités de son axe, et le temps qu'elle met à accomplir ce premier mouvement de rotation sur elle-même s'appelle un *jour*. Ce jour peut avoir la durée de plusieurs de nos jours et même de plusieurs de nos mois, suivant que la planète a son mouvement de rotation sur elle-même plus ou moins rapide ou plus ou moins lent ; mais, quelque long ou quelque court que puisse être le temps que la planète met à accomplir sa rotation sur elle-même, ce temps ne forme pas pour la planète plus d'un jour, et ce jour s'appelle jour *planétaire*. En tournant ainsi sur elle-même, la planète, par un second mouvement qu'on appelle de *translation*, s'avance autour du soleil jusqu'à ce que, par une certaine quantité de rotations ou jours, elle soit parvenue à accomplir la révolution d'un cercle entier autour de cet astre, révolution qui, achevée, prend le nom d'*année*. De même que le jour d'une planète peut avoir la durée de plusieurs de nos mois, de même la durée de son année, c'est-à-dire du temps qu'elle met à accomplir son parcours entier autour du soleil, peut avoir la durée de plusieurs de nos années.

Ce n'est point le cas de rendre plus complète ici cette explication, qui pourtant, dans ce que nous en avons dit, nous a paru nécessaire pour bien faire comprendre ce qu'est la planète, et quelle différence essentielle la distingue des étoiles fixes, différence qui est précisément ce double mouvement soit sur elle-même, soit autour du soleil, mouvement que n'ont aucunement les étoiles fixes, lesquelles, comme nous l'avons vu, ne bougent point de leur place relative, où elles sont immobiles comme le ciel lui-même.

III

Dans le mouvement qui les emporte autour du soleil, les planètes suivent autour de cet astre une route qui semble leur être tracée et qui forme autour du globe solaire un cercle un peu oblique, mais plus ou moins grand suivant le plus ou moins de grosseur de la planète, et suivant que, par sa position dans le ciel, elle se trouve plus ou moins rapprochée du soleil.

Or chaque planète, dans le parcours du cercle de sa révolution autour de l'astre solaire, se trouve successivement en rapport avec douze des principales constellations ou groupes d'étoiles, constellations qui elles-mêmes sont disposées dans le ciel, autour du soleil en forme de cercle.

Ce cercle formé par les douze constellations que parcourent les planètes a été appelé *zodiaque*, c'est-à-dire cercle animal, parce que les douze constellations qui le forment avaient reçu des noms d'animaux.

Ce cercle du zodiaque est aussi parcouru et suivi par notre terre qui est elle-même une planète, c'est-à-dire un astre mobile, tournant comme les autres planètes et sur elle-même et autour du soleil, ce que les anciens ignoraient; et, par ce parcours de notre globe, nous voyons successivement le soleil dans chacune des douze constellations, ce qui avait fait croire que le soleil parcourait lui-même le zodiaque; et les noms d'animaux qui avaient été donnés à ce cercle, indiquaient à la fois les saisons de l'année et l'ordre des travaux de l'agriculture.

Ainsi, commençant leur année avec le printemps, première saison de l'année, ils avaient appelé *Bélier* la constellation dans laquelle le soleil paraissait entrer, au commencement de cette saison, sans doute parce que le bélier marche toujours en tête de son troupeau. Peut-être ce nom signifiait-il aussi la fougue et les caprices de la température et de l'atmosphère, à ce moment de l'année qui répond au 20 mars et se rencontre avec les bourrasques de l'équinoxe.

Cette fougue et ces bourrasques ne faisant qu'augmenter dans le mois suivant, ils l'avaient exprimée par le nom de *Taureau* qu'ils avaient donné à la constellation que le soleil semblait parcourir dans ce mois, à partir du 20 avril jusqu'au 20 mai. Et pour exprimer la placidité de la température vers la fin de mai, ils avaient appelé Gémeaux (c'est-à-dire *jumeaux*) la constellation dans laquelle le soleil semble être entré à partir du 20 mai, et ils représentaient cette constellation par deux enfants jouant ensemble, voulant indiquer que la douceur de la température permettait de faire jouer, à l'air, même des enfants.

De même pour exprimer qu'à partir du 20 juin le soleil qui, dans son cours, avait toujours paru pour nos climats tempérés se rapprocher de jour en jour, à midi, du milieu du ciel, allait bientôt de jour en jour s'en éloigner et rapprocher de jour en jour de notre horizon son midi, c'est-à-dire le point le plus élevé de sa course de chaque jour, ce qui fait que cet astre semble rétrograder et revenir sur ses pas, ils avaient appelé du nom d'*Écrevisse* la constellation que le soleil semble parcourir à cette époque, parce que, comme l'écrevisse, il semblait à ce moment-là marcher à reculons, et pour cette raison l'on avait appelé du nom de *tropique* qui signifie tourner, le point du ciel où était le soleil quand il opérait ce mouvement de recul.

Et comme, ainsi que nous le verrons plus loin, il opère deux fois dans l'année ce mouvement de retour, ce premier retour avait été appelé tropique du *cancer* qui est le nom latin de l'écrevisse.

Pour la constellation qui suit celle de l'écrevisse, ou du cancer, ils l'avaient dénommée du nom de *Lion*, pour exprimer l'ardeur et la force toujours croissante que prend la chaleur à cette époque, c'est-à-dire du 20 juillet au 20 août.

De même ils avaient appelé *La Vierge* ou la *jeune fille*, la constellation suivante, celle dans laquelle le soleil entrait à partir du 20 août, parce que cette époque devait être l'époque des moissons; et en effet, ils représentaient la constellation de la Vierge Céleste, sous la figure d'une jeune fille portant une gerbe d'épis.

Toujours le même principe les avait guidés dans le choix des noms qu'ils avaient donnés aux autres constellations que semble parcourir successivement le soleil dans son rapport avec le zodiaque.

Ainsi, ils avaient appelé *Balance*, et représenté par la figure d'un homme tenant en main une balance, la constellation que parait parcourir le soleil après celle de la

Vierge, parce qu'à cette époque les jours sont égaux aux nuits, c'est-à-dire ont le même nombre d'heures.

Les maladies qu'amènent l'automne et le déclin de l'année qui s'avance vers l'hiver, maladies qui autrefois, avant les progrès de notre civilisation et le bien-être que celle-ci nous a apporté, étaient bien plus fréquentes et plus mauvaises à l'automne que dans toute autre saison, avaient fait donner le nom de *Scorpion* à la constellation dans laquelle se trouvait le soleil à cette époque (20 octobre) et qui semblait les engendrer.

Par le même motif, celui d'indiquer l'influence ou l'emploi de chaque mois de l'année, on avait appelé *Sagittaire*, c'est-à-dire l'homme *armé de flèches*, la constellation dans laquelle le soleil paraissait être entré le mois suivant à partir du 20 novembre, et par ce nom on signifiait que cette époque était l'époque de la chasse.

Et comme le mois après, à partir du 20 décembre, le soleil qui depuis le 20 juin avait de jour en jour éloigné son midi du milieu du ciel, pour le rapprocher de notre horizon, allait de nouveau l'éloigner de notre horizon pour le rapprocher de jour en jour vers le milieu du ciel, on avait appelé du nom de *Capricorne*, la constellation où entrait le soleil pour exécuter ce mouvement de retour, parce qu'en ce moment cet astre semblait pris comme d'un caprice, ou d'une fantaisie de chèvre, car c'est ce que signifie le mot capricorne, qui indique le mâle de la chèvre.

Et par la raison que nous avons vu avoir fait nommer tropique du cancer ou de l'écrevisse, le point du ciel où se trouve le soleil quand il opère son premier retour, on a de même nommé *Tropique du Capricorne* cet autre point du ciel, parce que c'est dans cette constellation que se trouve le soleil quand il opère son second retour, c'est-à-dire à partir du 20 décembre.

A cette époque de l'année c'est-à-dire le mois suivant, vers le 20 janvier, commencent les pluies, les neiges et les mauvais temps, aussi a-t-on appelé du nom de *Verseau*, en latin *aquarius*, la constellation où paraît être le soleil du 20 janvier au 20 février.

Enfin pour indiquer le moment favorable pour *la pêche* du plus grand nombre des poissons, avant qu'ils commencent à frayer, on a appelé du nom de *Poissons* la dernière constellation du zodiaque, que le soleil a à parcourir, du 20 février au 20 mars, époque où il se retrouve de nouveau dans celle du Bélier par laquelle a commencé son cours.

Nous verrons un peu plus loin si les noms donnés aux douze constellations zodiacales, ainsi que ceux que nous indiquerons qu'ont reçus les sept planètes, ne contiennent pas et ne cachent pas encore d'*autres mystères* (1).

(1) Voir le tableau ci-après.

TABLEAU *résumant l'ordre et la série des Constellations zodiacales, les noms donnés à ces Constellations, leur signification et les mois auxquels ces Constellations répondent.*

		CONSTELLATIONS.	SIGNIFICATIONS.	MOIS CORRESPONDANTS.
PRINTEMPS.	1re	BÉLIER	Marche en avant (1re de l'ancienne année)	du 20 mars au 20 avril.
	2e	TAUREAU	Bourrasque, emportement (état de l'atmosphère)	du 20 avril au 20 mai.
	3e	GÉMEAUX	Placidité, douceur de la température (enfants à l'air)	du 20 mai au 20 juin.
ÉTÉ.	4e	CANCER OU ECREVISSE.	1er retour ou *tropique* du Soleil rapprochant son midi de l'horizon	du 20 juin au 20 juillet.
	5e	LION	Ardeur de la température et de la chaleur	du 20 juillet au 20 août.
	6e	VIERGE	Epoque des moissons	du 20 août au 20 septembre.
AUTOMNE.	7e	BALANCE	Jours égaux aux nuits, équinoxe	du 20 septembre au 20 octobre.
	8e	SCORPION	Epoque des maladies dangereuses	du 20 octobre au 20 novembre.
	9e	SAGITTAIRE	Epoque de la chasse	du 20 novembre au 20 décembre.
HIVER.	10e	CAPRICORNE	Nouveau retour ou *tropique* du Soleil rapprochant son midi du milieu du Ciel	du 20 décembre au 20 janvier.
	11e	VERSEAU	Saison des pluies et des neiges	du 20 janvier au 20 février.
	12e	POISSONS	Moment de la pêche, avant le frai	du 20 février au 20 mars.

20 mars rentrée du Soleil dans le Bélier,
1re Constellation qui a été son point de départ.

CHAPITRE II

UN MOT D'ASTRONOMIE (*Suite*).

LES NOMS, INFLUENCES ET SIGNIFICATIONS, ATTRIBUÉS AUX PLANÈTES PAR LES ANCIENS.

I

Comme conséquence du mouvement reconnu à chaque planète, et par la raison que ce mouvement plaçait celle-ci en tel ou tel rapport soit avec les autres planètes, soit avec chacune des douze constellations zodiacales, soit aussi avec le soleil, les anciens, toujours fidèles au principe de l'unité universelle dont nous avons parlé, avaient attribué à chacune de ces planètes une influence spéciale sur tous les êtres existant sur notre globe, mais plus particulièrement à l'égard de toute vie humaine, et même les noms qu'ils avaient donnés à ces planètes signifiaient à la fois la nature de leur révolution et celle de leur influence.

Ainsi ils avaient nommé SATURNE (en grec *chronos*, le *temps*, la *durée*) celle de ces planètes dont le cours est le plus lent, et qui met le plus de temps à accomplir sa révolution autour du soleil, laquelle pour cette planète est de plus de 30 années.

Et parce que la planète Saturne est la plus éloignée du soleil, ils l'avaient supposée de nature sèche et froide, peu favorable à la conservation de la vie, et développant dans l'organisme humain, principalement la bile et les humeurs noires, ce qui donne un caractère froid, sérieux et souvent chagrin, aux personnes supposées avoir subi à leur naissance l'influence de cette planète, celles que nous appelons de tempérament *bilieux*.

II

De même ils avaient nommé Jupiter, c'est-à-dire *père bienfaisant* (juvans pater), la seconde et la plus grosse de toutes les planètes.

Et à cause de sa position dans le ciel où elle n'est ni trop rapprochée ni trop éloignée du soleil, ils l'avaient supposée chaude et humide et par conséquent favorable, dans les êtres vivants et spécialement chez l'homme, à la bonne circulation du sang, donnant ainsi aux personnes douées par elle, et que nous avons appelées de tempérament *sanguin*, un caractère égal, de bonne humeur et gracieux, quoique vif et actif, qui leur faisait aimer l'ordre, la justice, la paix et le bien-être.

III

Par le même principe ils avaient appelé Mars, c'est-à-dire l'*impétueux*, le *fougueux* (1) la petite planète dont le cercle de révolution se trouve entre Jupiter et le Soleil.

L'aspect de la planète de Mars ressemblant à un fer rougi au feu, et son atmosphère paraissant chargée de nuages mêlés de sang, semblables à ceux des temps les plus orageux de notre globe, ce qu'ils attribuaient à la proximité où se trouve cette planète à l'égard du soleil, ils supposaient la planète de Mars de nature sèche et comme brûlée, portant chez les êtres vivants et surtout chez l'homme, le feu dans le sang, qu'ils faisaient pour ainsi dire bouillir, donnant ainsi à ceux sur qui elle avait eu influence au moment de leur naissance, un caractère bouillant, impatient, emporté, toujours prêt à chercher querelle et se plaisant au milieu des luttes et des combats.

IV

Considérant le soleil, comme une planète, puisqu'ils lui

(1) En grec *Arès*.

attribuaient le parcours successif des constellations du zodiaque, comme nous l'avons indiqué, ils lui avaient donné le nom d'HÉLIOS le *brillant ;* et plus tard les Latins lui donnèrent le nom de sol, mot dérivé de *solus* qui signifie l'*unique* d'où, réunissant les deux mots, nous avons formé le nom de *soleil,* comme si nous avions voulu dire l'*unique brillant.*

Quant aux personnes qu'ils supposaient avoir reçu à leur naissance l'influence plus spéciale du soleil, ils les croyaient douées suivant l'influence de la saison ou de la constellation où se trouvait le soleil à l'époque de leur naissance, et aussi suivant que le globe solaire se trouvait en ce moment en tel ou tel rapport avec telle ou telle autre planète.

Nous n'avons pas à nous étendre ici à ce sujet. Quand nous parlerons des formes des mains, nous indiquerons celles que les anciens attribuaient plus spécialement à l'influence du soleil et le caractère que ces mains signifient.

Le soleil fut aussi dans le temps appelé par les Grecs l'*Exterminateur,* dans leur langue *Apollôn,* à cause d'une peste que la sécheresse et la chaleur amenèrent une année pendant qu'ils assiégeaient la ville de Troie, et ce nom est demeuré à la divinité qui était censée représenter et conduire cet astre. Nous en reparlerons plus loin.

V

Les trois planètes dont nous avons parlé plus haut avant de parler du soleil, c'est-à-dire, Saturne, Jupiter et Mars, sont appelées *planètes supérieures* parce qu'elles sont plus spécialement visibles quand elles se trouvent au-dessus du soleil. Les trois, au contraire, dont il nous reste à parler, ont été nommées *planètes inférieures* parce qu'elles n'apparaissent guère à notre œil que quand elles sont au-dessous du soleil.

De ces trois planètes l'une a été nommée la *venante,* VÉNUS, du mot latin *veniens,* parce qu'elle semble venir quand on l'attend, se montrant à la fois la première le soir, et la dernière le matin. Pour la même cause, le peuple lui a donné le nom d'étoile du berger, parce qu'elle semble marquer pour le berger l'heure, le soir, de son départ aux champs, et, le matin, de son retour à la métairie.

Comme cette planète est fort belle, que sa lumière est pure, blanche, douce et calme, sans aucun scintillement, elle a été considérée comme l'emblème et la source de la beauté, de la douceur et de la bonté, douant généralement de ces qualités toutes les personnes, hommes et femmes, sur qui s'était répandue, au moment de leur naissance, son influence bienfaisante.

VI

La seconde des trois planètes inférieures a été appelée l'*agile*, la *vive*, la *messagère* (en grec *hermès* et en latin MERCURIUS) et on lui a donné ces noms à cause de la rapidité de son mouvement, puisqu'elle accomplit sa révolution autour du soleil, en moins de trois mois ; et comme elle ne cesse d'aller et de venir, de paraître et de disparaître, quand plus tard on en a fait une divinité sous les mêmes noms, on a fait de ce dieu le *messager* des autres.

A cause précisément de sa vivacité, de la légèreté et de la vitesse de son mouvement, on a supposé que la propriété de cette planète était de douer ceux sur la naissance de qui elle avait eu influence, de la vivacité de l'esprit et de la finesse de l'intelligence, en même qu'elle leur donnait l'agilité et la légèreté du corps et des membres.

Du reste la planète Mercure est de toutes les planètes la plus petite, ayant à peine le volume du tiers de la terre, et généralement ceux des hommes qui en représentent les qualités sont minces et menus de corps, et petits de taille, quoique bien faits et bien proportionnés dans leur ensemble.

VII

Enfin la dernière des trois planètes inférieures, et des sept planètes connues des anciens, en y comptant le soleil, a reçu le nom de *la molle,* en grec *sélènê* que les Latins et nous avons traduit par le mot *lune* (1).

Tout le monde connaît la lumière de la lune, cette lumière froide et pâle, emblème de la mollesse et de la mélancolie.

Et pour cela les anciens avaient pensé que cette planète était de sa nature froide et humide, et, en conséquence, ils lui avaient attribué la propriété d'agir sur les parties molles du globe, par conséquent sur la masse des eaux.

Aujourd'hui on lui attribue encore le mouvement des eaux de la mer et l'ascension périodique de ces eaux qui produit le *flux* et le *reflux.*

Conséquemment à ce principe, l'influence de la lune était regardée par les anciens comme étant la première cause de la constitution de ces gens à humeur molle, lents et flegmatiques, manquant constamment de vivacité et d'énergie, et presque toujours sans initiative pour aucune action, ni décision d'aucune sorte.

Et comme de pareilles gens ont l'imagination mobile et capricieuse, changeant à tous propos et sans motifs de projets et de détermination, le peuple y avait vu la reproduction des *phases* et des changements que subit la lune elle-même, et encore aujourd'hui il appelle, du nom de cette planète, les gens de ce caractère, *lunatiques.*

VIII

De tout ce que nous venons de dire, soit dans ce deuxième chapitre, soit dans le précédent, nous pouvons déjà conclure ces deux points : 1° que les noms donnés par les anciens, tant aux constellations zodiacales qu'aux planètes, reproduisent parfaitement les fonctions, les propriétés et les attributions de ces astres ; 2° que parmi les caractères des hommes il en existe qui répondent aux unes et aux autres de ces attributions, qu'ils en soient ou non le produit.

(1) N'oublions pas que les anciens ne regardaient pas la Terre comme une planète.

Quant à nous, il ne nous répugne point du tout que notre organisation, notre caractère et tout ce que nous sommes, soient dus à l'influence des génies célestes qui conduisent les étoiles.

Cela nous paraît une bien plus haute et plus belle origine que celle que les savants de notre siècle voudraient nous attribuer, en nous laissant naître, comme de simples plantes ou comme de vils animaux, du sol même de notre globe, et nous laissant pour tout espoir celui de retourner et de nous perdre dans la boue et la poussière où doit se dissoudre notre terrestre enveloppe. Si la science ne sert qu'à abaisser l'esprit, la pensée, ne soyez pas savant, lecteur.

Portez vos regards en haut, et croyez, avec les anciens, avec le peuple, et même avec les simples et pauvres d'esprit de ce siècle, que là est notre origine ; que chacun nous avons là un ou plusieurs génies qui de ces hauteurs nous contemplent, nous aiment, nous conduisent ; que là rayonne pour nous une étoile qui peut être un jour sera notre demeure, et d'où déjà descend pour nous comme d'un foyer d'électricité et de vie, la flamme à laquelle nous devons notre existence ; le courant qui nous la maintient et qui peut-être cessera de rayonner quand ce globe ne nous possédera plus.

Le miracle ne serait pas plus grand que celui qui aujourd'hui porte instantanément votre pensée aux extrémités du globe et vous fait communiquer, sur les ailes de l'éclair et plus vite presque que la pensée, avec les régions les plus reculées.

IX

Quoi qu'il en soit, aux sept planètes que nous venons de faire connaître et aux propriétés que leur attribuaient les anciens, répondent les sept organisations principales dont se composent les tempéraments de tous les hommes, de même que les sept caractères principaux qui dépendent de ces sept organisations, et, quelque multipliés que soient ces organisations et ces caractères, dont les variétés sont à l'infini, il n'y a pourtant pas une seule organisation, un seul caractère, chez qui ne prédomine une des qualités de celles que les anciens avaient attribuées à l'influence de l'une des sept planètes, et par conséquent où il n'y ait une prédominance ou de la bile par Saturne, du sang par Jupiter, des muscles par Mars, des nerfs par Vénus, de la bile mêlée au fluide nerveux par Mercure, et enfin de la lymphe et des humeurs molles par la Lune.

Quant à l'influence bonne du Soleil, elle consiste à mettre en équilibre les bases de toutes les autres organisations, la bile, le sang, les nerfs, les muscles et la lymphe, ce qui produit le tempérament le plus complet, le caractère le plus harmonique : l'intelligence inspirée et créatrice du beau et de l'idéal, telle qu'on la rencontre chez les grands poëtes, et chez les hommes de haut génie.

Le tableau suivant, mieux que tous les raisonnements, et que de longues explications, fera connaître en les mettant en regard à la fois les sept planètes, les sept organisations ou tempéraments qui y correspondent, en même temps que les sept caractères que nous avons indiqués.

Dans le chapitre suivant nous ferons connaître, d'après notre principe, que les mains répondant à l'organisation du cerveau, sept types principaux de mains répondent de même aux sept principales organisations et aux sept principaux caractères, de manière à ce que le caractère d'une personne puisse déjà être reconnu rien que par l'inspection de la forme de sa main.

TABLEAU *présentant en regard les noms des sept Planètes avec les sept tempéraments qui y correspondent, et les sept Caractères qui dépendent de ces sept tempéraments.*

PLANETES.		TEMPÉRAMENTS.	CARACTÈRES.
SATURNE..	(la Durée). (le Temps).	Bilieux	Lent, froid, réfléchi, intelligent et penseur.
JUPITER...	(le Bienfaisant).	Sanguin. — Bilieux	Vif, décidé, franc et loyal, intelligent, impérieux et dominateur.
MARS.....	(le Fougueux).	Musculaire	Bouillant, impatient, emporté et violent.
VÉNUS....	(la Bonne). (la Venante).	Nerveux. — Sanguin. — Lymphatique	Doux, bienveillant, bon et sympathique au faible.
MERCURE..	(l'Agile).	Nerveux. — Bilieux	Fin d'intelligence, adroit et rusé.
LUNE.....	(la Molle).	Lymphatique	Mou, à imagination mobile et changeante.
SOLEIL....	(le Brillant).	Harmonique	Idéal, grand, généreux, ami du beau et puissant dans les créations d'art.

CHAPITRE III

COMMENT A CHACUN DES SEPT DIFFÉRENTS CARACTÈRES PRINCIPAUX, DÉSIGNÉS CI-DESSUS, A DU ÊTRE ATTRIBUÉE UNE FORME SPÉCIALE DE MAINS, ET QUELLE FORME DE MAIN A REÇU CHAQUE CARACTÈRE.

Le chapitre précédent nous a montré que, de même qu'il y a parmi les astres sept planètes différant entre elles par la puissance, la vitesse et la durée de leur mouvement soit sur elles-mêmes, soit dans leur révolution autour du soleil, et dont les noms, qui ont été donnés à ces planètes, indiquent ou cette durée ou cette puissance ou cette vitesse, de même il y a parmi les hommes sept différentes organisations principales, reproduisant à peu près chacune en dominance quelqu'une des qualités attribuées à l'une ou à l'autre des sept planètes, ce qui avait fait croire aux anciens, avec plus ou moins de raison, que chaque différence d'organisation provenait de l'influence de la planète qui y correspond.

Le même chapitre nous a également indiqué comment chaque différence dans l'organisation avait amené une différence dans le caractère; car dans tout homme le caractère n'est que le résultat de la manière de sentir et de comprendre donnée par l'organisation; et en conséquence nous avons pu désigner le caractère principal correspondant à chaque différence d'organisation.

Voyons maintenant (puisque les mains sont les instruments d'action de la volonté ou du caractère) comment à chaque genre de caractère a dû être attribuée une forme différente de mains.

Il est certain que celui qui, par sa constitution, est destiné à n'agir que délicatement, ou par le travail de la pensée, n'aurait que faire de grosses mains lourdes et massives, peu flexibles, ou plutôt serait empêché très-souvent par la non-flexibilité de ses mains.

De même celui que sa constitution destine à de gros ouvrages, n'aurait que faire de mains fines et délicates qui, à tout instant, vu la simplicité d'esprit qui accompagne ces organisations, seraient exposées à être blessées et à s'endommager; et il ne servirait pas davantage d'avoir des doigts souples et déliés à l'homme qui, constitué pour de hautes pensées, dédaigne tout travail matériel, et a sa puissance presque toute dans le cerveau.

Tous les caractères ont donc reçu des mains différentes, et de même que par la forme de ses mains on peut reconnaître la constitution de chacun, de même par cette forme on pourra reconnaître aussi chez tout homme la tendance dominante de son caractère, et le genre de vocation et d'emploi auquel la nature l'a destiné.

I

Les anciens attribuant, comme nous l'avons déjà dit, à l'influence d'une ou de plusieurs planètes la constitution organique de chaque homme, ainsi que le caractère dominant qui en résultait, avaient, de même, attribué à cette influence, la forme des mains de chacun; et cette influence des planètes se signalait soit dans la constitution et dans l'aspect général de la main, soit par la dominance ou la forme particulière de quelques-unes des parties de cette main, qui, selon eux, se trouvaient plus spécialement placées sous l'action de telle ou telle planète, ou, en d'autres termes, correspondaient plus spécialement à telle ou telle organisation.

II

Ainsi attribuant l'organisation bilieuse, la plus lente de toutes au point de vue du mouvement et de l'action, mais la plus énergique au point de vue de la pensée, à l'influence de la planète *Saturne*, cette planète qu'ils avaient appelée le Temps ou *la durée,* à cause de la durée de sa révolution autour du soleil, quoique cette révolution s'accomplisse à l'aide d'un mouvement de rotation sur elle-même plus rapide que celui des autres planètes, eu égard au volume de la masse de celles-ci, ils avaient fait dépendre de la planète Saturne tout le doigt du milieu que nous appelons le *médius* ou le grand doigt, parce que précisément ce doigt est le plus long de tous, et qu'il est aussi celui qui se meut le plus difficilement; en même temps qu'il est des quatre doigts supérieurs ou du haut de la main, celui qui serre le plus fortement.

Et ils avaient nommé ce doigt *Saturnien*, c'est-à-dire dépendant de la planète Saturne, donnant la même appellation aussi à la bosse ou saillie qui se trouvait à la racine de ce doigt, de même qu'aux lignes correspondant à cette saillie, et qui y montent plus ou moins directement depuis le bas de la main.

Et de fait la physiologie démontre que réellement, chez les organisations bilieuses, ce doigt du milieu est plus long que chez les autres organisations comparativement à la longueur des autres doigts.

En raison de ce mouvement lent qu'a la planète Saturne, les anciens l'avaient supposée la plus lourde de toutes (1), et, en conséquence ils lui avaient attribué la formation des parties les plus massives de notre corps comme sont les parties osseuses, les os, les dents, et suivant sa nature, elle faisait prédominer ces parties chez les individus sur qui elle avait eu influence à leur naissance, et cette influence leur donnait par conséquent plus spécialement des mains dures et sèches, aux doigts desquelles prédominaient les os qui y ressortaient en nœuds aux jointures.

Et de fait les organisations bilieuses ont les mains ainsi disposées.

Nous aurons à mentionner plus loin les autres caractères qui distinguent et font reconnaître les mains appartenant aux organisations bilieuses, qu'avec les anciens nous continuerons à appeler *Saturniennes*, et il nous suffira pour le moment d'avoir indiqué l'origine de ce qui dis-

(1) Ils lui avaient donné pour emblème métallique le *plomb*.

tingue plus spécialement la main appartenant au type de l'organisation saturnienne ou bilieuse (Voir au modèle de main nº 1 ci-dessous, le type de la main bilieuse ou saturnienne).

MAIN Nº 1

TYPE SATURNIEN OU BILIEUX

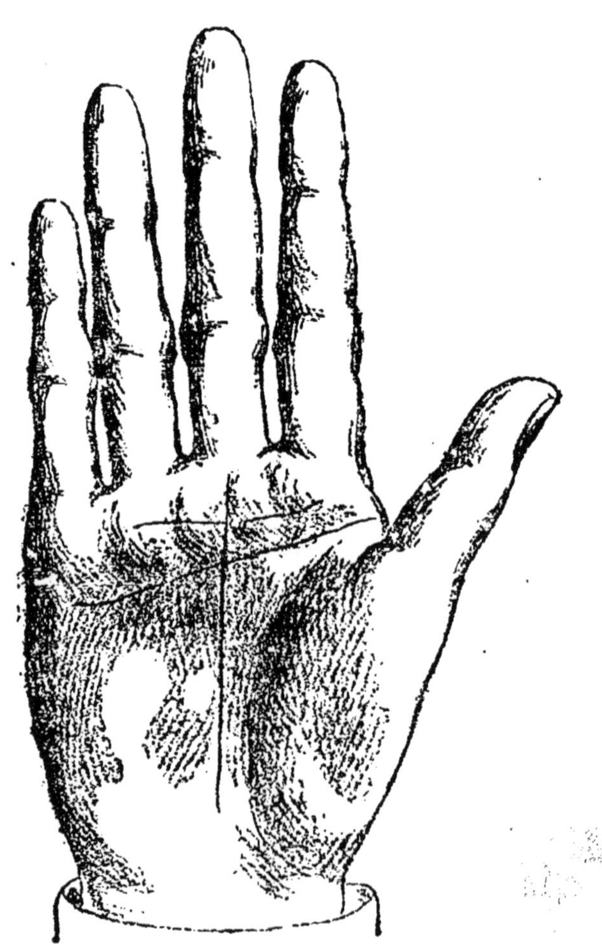

MAIN DE SCIENCE

Caractère grave, sérieux, penseur.

III

De même, la planète Jupiter, la plus grande, après le soleil, de toutes les planètes connues, présentant aux anciens le mouvement le plus équilibré en regard des autres planètes, ce qui fait que cette planète semble trôner comme un roi avec majesté et puissance au sommet du ciel des mois entiers, sans que sa lumière paraisse en rien s'affaiblir, ils avaient attribué à l'influence de cette planète l'origine et la formation du tempérament sanguin, ou mieux *bilieux-sanguin.*

Et comme ce qui distingue l'organisation de l'homme sanguin, ou mieux bilieux-sanguin, c'est à la fois la tendance au commandement, en même temps que la facilité et la puissance de commander, ils avaient supposé que la planète Jupiter avait, dans la main des hommes, sous son influence le doigt qui sert à commander, et qui pour cela s'étend lorsque l'on commande ou indique quelque chose. C'est le doigt que, pour la même raison, nous appelons doigt *index* ou indicateur. (Il est le doigt le plus voisin du pouce.)

Conséquemment à ce principe, ils avaient appelé le doigt index, doigt de Jupiter, comme dépendant plus spécialement de la planète Jupiter, et donné le nom de *Mont de Jupiter* à la saillie ou bosse qui est à la racine de ce doigt.

Et de fait dans les tempéraments sanguins-bilieux, chez qui la passion et les facultés pour le commandement sont grandes, le doigt indicateur se fait remarquer plus spécialement par sa longueur et par son extrémité carrée, forme indiquant l'aplomb du caractère, ordinaire à ces organisations, mais qui se rencontre rarement aussi marquée au même doigt, non plus qu'aux autres, dans les autres organisations. De plus dans l'organisation bilioso-sanguine, la bosse ou saillie qui se rencontre dans la main à la racine du doigt *index*, est ordinairement beaucoup plus développée et plus haute qu'on ne le voit chez les autres organisations.

D'autres caractères, qui dépendent principalement de l'activité et de l'action du sang dans la constitution de l'organisme, telles que les anciens les avaient attribuées à l'influence de la planète Jupiter, distinguent encore les mains dites Jupitériennes, telles que les donne l'organisation bilioso-sanguine.

MAIN N° 2

TYPE JUPITÉRIEN OU SANGUIN BILIEUX.

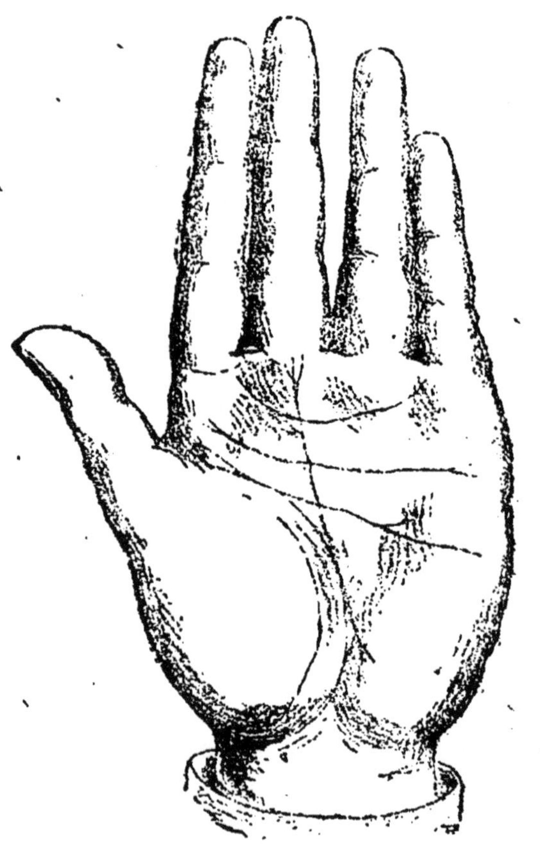

MAIN DE COMMANDEMENT.

Caractère droit, loyal, justicier, viveur.

Nous les indiquerons plus loin, nous contentant pour le moment, comme nous l'avons fait pour la main saturenne et comme nous le ferons d'abord pour tous les tres types de main, d'avoir expliqué ce qui constitue sentiellement la main de chacun de ces types, et distinue chaque type de tous les autres (1).

IV

La même raison d'analogie entre la nature des planètes celle des caractères humains ayant, comme nous l'aons dit, fait rapporter à Mars (la plus orageuse de toutes s planètes) l'origine et la formation des organisations muslaires-sanguines, d'où proviennent les caractères vionts, emportés, brutaux, ils avaient considéré dans la ain comme signe plus spécial de l'influence de Mars, le veloppement en une *saillie bombée*, de la partie qui est *milieu du tranchant* de la main, à l'endroit par où l'on appe, dans un moment d'emportement ou de violence; qui a fait nommer percussion du mot latin *percussio* rappement) cet endroit de la main qui est au-dessous de racine du petit doigt, au milieu même du *tranchant*, 'est-à-dire sur le côté de la main posée comme si on voulit s'en servir pour couper quelque chose.

Et de fait, on a remarqué que chez les personnes trèsolentes et très-emportées le tranchant de la main, par on développement en saillie, à partir du petit doigt jusu'au bas de la main, forme presque un demi-cercle.

Cette saillie du milieu du tranchant de la main que les nciens ont appelée *mont de Mars*, est le signe le plus maré d'un caractère violent, et nous conseillons vivement aux ersonnes qui auraient des amis ou des amies, ou même e simples connaissances, ayant la main ainsi développée ur le côté, de ne pas leur chercher beaucoup querelle; ar la moindre contradiction suffit pour mettre ces orgaisations en fureur; et une fois hors d'elles-mêmes, elles e connaissent plus rien, et sur le moment sont capables les violences les plus extrêmes, que certainement elles

(1) Voir au modèle de main nº 2 ci-contre, le type de la main jupiérienne ou bilieuse-sanguine.

regretteront quand elles seront redevenues en sang-froid, mais le plus souvent trop tard pour elles, comme pour ceux qui auront été victimes de leur emportement.

C'est surtout à l'égard de semblables caractères, lesquels les anciens appelaient de Mars, ou *martiaux*, qu'il a été dit qu'il ne fallait pas « les induire en tentation. »

MAIN N° 3

TYPE MARTIAL OU SANGUIN-MUSCULAIRE.

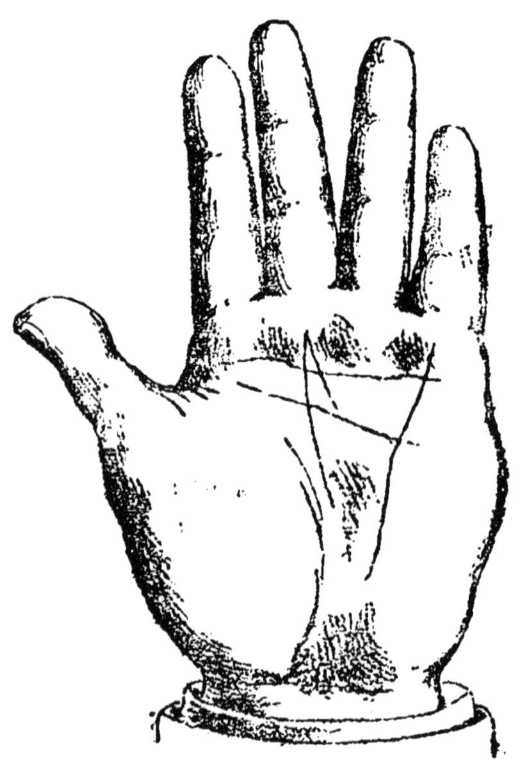

MAIN VIOLENTE.

Caractère emporté et brutal.

Pour les autres indices de la main martiale nous les verrons plus loin. Mais la disposition du tranchant de la main tel que nous venons de l'indiquer, est le signe le plus certain de la main et du caractère violents (1).

V

Quant à la planète Vénus, les anciens lui avaient attribué une double influence. Nous avons déjà vu qu'ils avaient fait dépendre de cette planète l'organisation des caractères bons, doux, bienveillants et sensibles à la peine, à la souffrance de tous les êtres faibles, animaux et personnes.

En raison de ce caractère de sensibilité, ils avaient attribué à cette planète la formation, dans la main, de la grande ligne horizontale qui la traverse à partir de la racine du petit doigt jusque vers le doigt index, et pour exprimer le caractère résultant de cette ligne ils l'avaient appelée la *ligne de cœur*. Et de fait, ainsi que nous le verrons plus loin, dans les mains des personnes bonnes, douces et bienveillantes, cette ligne est toujours belle, régulière, et souvent se termine en rameaux qui montent vers le doigt index. Cette ligne est la plus haute des trois lignes de la lettre M.

Nous expliquerons plus loin dans tous ses détails cette ligne, qui pourtant n'est point la marque la plus absolue de l'influence de Vénus sur la constitution organique d'une personne.

Dans l'ancienne Mythologie, établie primitivement d'après les planètes, Vénus était non-seulement la déesse de la beauté et de la bonté, elle était aussi la mère des amours.

Et comme telle, elle donnait autant la puissance de la maternité et de la paternité, que la tendance aux affections morales.

Cette influence de Vénus, qui promet et fait espérer, soit à l'homme soit à la femme, une nombreuse postérité, les anciens la voyaient surtout dans le plus ou moins de

(1) La main, modèle n° 3 ci-contre, présente le type de la main *martiale* ou de l'organisation *musculaire* ou musculoso-sanguine.

hauteur de cette vaste saillie qui dans la main forme toute la racine du pouce, et que pour cette raison ils avaient appelée *Mont de Vénus*.

MAIN N° 4

TYPE VÉNUSIEN OU SENTIMENTAL.

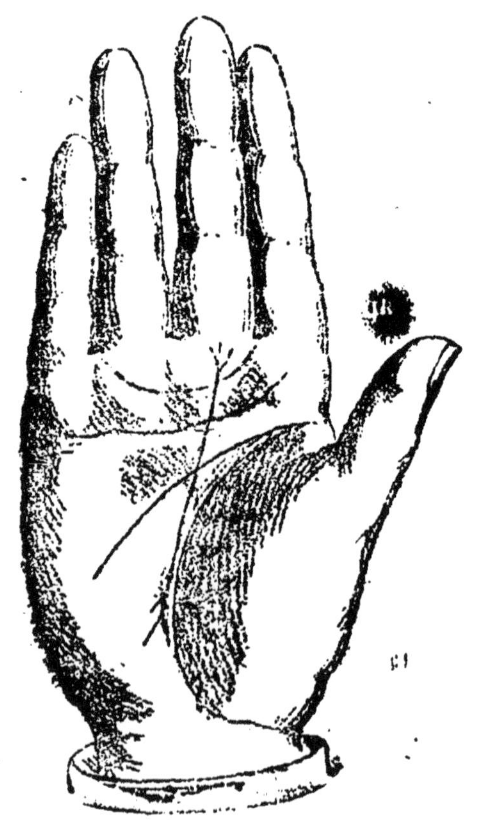

MAIN AIMANTE.

Caractère doux, bon et bienveillant aux faibles.

Et de fait dans la main des personnes qui plus tard sont devenues pères ou mères d'une nombreuse famille, on a toujours vu la racine du pouce, ou mont de Vénus, être, même dès leur jeune âge, haute et remarquablement déveppée et formant un monticule qui souvent s'étendait jusqu'au milieu de la main.

Nous en reparlerons plus loin avec plus de détails. Nous dirons seulement pour le moment que la disposition à l'amour tant physique que moral, que les anciens attribuaient à l'influence de la planète Vénus, se reconnaît surtout, soit par le plus ou moins de développement de la racine du pouce, à l'intérieur de la main, soit par la disposition et le plus ou moins de pureté de la plus haute des trois lignes qui forment dans la main la lettre M, cette ligne que les anciens avaient appelée la ligne de cœur, et à laquelle nous conserverons ce nom (1).

VI

Quant à l'influence de la planète Mercure, celle que les anciens avaient appelée l'agile ou la messagère, et à laquelle, vu cette qualité, ils rapportaient la formation du tempérament nerveux-bilieux d'où dépend, comme nous l'avons dit, le caractère adroit, fin et rusé, ils la reconnaissaient, dans la main, à la finesse et à l'agilité des doigts et plus spécialement de celui que nous avons appelé le *petit doigt*, le plus agile de tous, et celui dont le mouvement est aussi le plus fin et le plus gracieux ; comme aussi au plus ou moins de hauteur et d'étendue de la bosse ou saillie qui est à la racine de ce doigt et autour de cette racine du côté du tranchant de la main.

Voilà pourquoi ils avaient appelé le petit doigt, *doigt de Mercure*, et nommé *Mont de Mercure, la saillie* qui est à la racine de ce doigt.

Et de fait, la physiologie a reconnu que chez les personnes de tempérament nerveux-bilieux, et d'esprit fin et délié, comme l'ont généralement les personnes de cette organisation, le petit doigt est proportionnellement beaucoup plus long et plus pointu que chez les personnes d'une organisation différente.

De plus, chez les mêmes personnes, il est excessivement

(1) Voir, dans le modèle de main n° 4 ci-contre, le type de la main vénusienne ou main sentimentale.

rare que la bosse ou saillie qui est à la racine du pet doigt, n'ait pas un fort développement : soit en dedans d la main, si c'est la finesse d'esprit qui domine chez c personnes ; soit à l'extérieur de la main du côté d tranchant, toujours à cette même racine, si c'est seul ment par l'adresse des doigts et de leurs ouvrages que c personnes sont remarquables.

MAIN N° 5

TYPE MERCURIEN OU NERVEUX-BILIEUX.

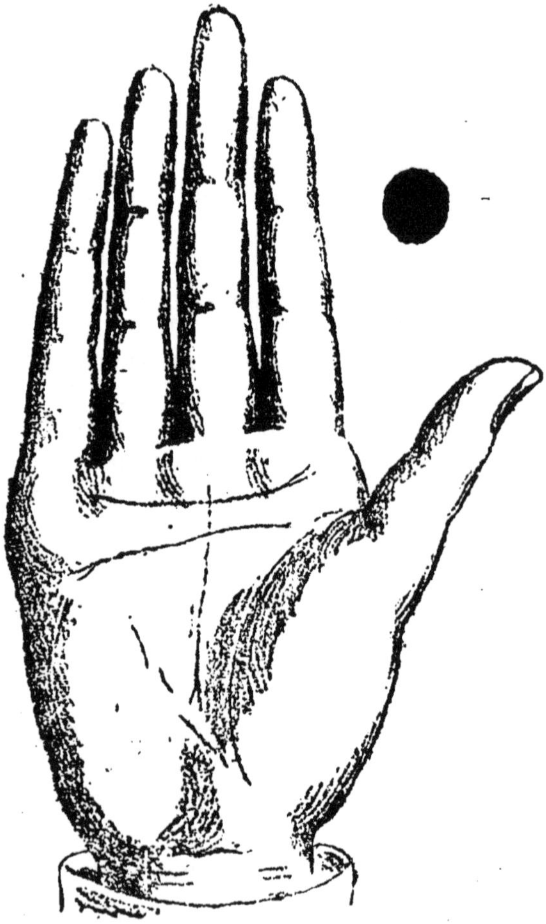

MAIN D'ADRESSE.

Caractère subtil, adroit et rusé.

Et une preuve que, dans tous les temps, une sorte de superstition, de pensée de finesse et d'adresse s'est attachée même chez le peuple au petit doigt, c'est l'habitude où sont les mamans de dire à leurs enfants quand ils veulent en obtenir un aveu quelconque, « Que c'est leur petit doigt qui le leur a dit (1). »

Dans la comédie italienne, le type du caractère fin et adroit est représenté par le personnage appelé *Arlequin*, et les nombreuses couleurs dont est composé son vêtement indiquent les ressources variées d'esprit dont sont doués les organisations et les caractères que ce personnage représente, tandis qu'au contraire la naïveté et la simplicité d'esprit sont très-bien signifiées par l'entière blancheur du vêtement de *Pierrot*, personnage destiné à représenter les organisations lymphatiques, dépendant, comme nous l'avons dit, de l'influence de la lune dont nous allons parler.

VII

De même les anciens ayant reconnu à la planète la lune, comme nous l'avons vu, la propriété d'agir sur les parties molles soit de notre globe, soit de ses habitants, cette planète étant le principe du mouvement des eaux de la mer où elle produit les marées, c'est-à-dire le mouvement du flux et du reflux, et ayant attribué à l'influence de cet astre l'organisation que nous avons appelée *lymphatique* parce que la lymphe ou eau du sang (ce que le peuple appelle le sang blanc) y domine, ils avaient pensé que l'influence de la planète la lune devait se produire, dans la main, surtout sur la partie la plus molle de cet organe ; et en conséquence ils reconnaissaient les organisations plus spécialement produites par la lune, à un grand développement de cette partie charnue et molle qui est au bas de la main, s'étendant jusqu'au tranchant, du côté du petit doigt.

En effet, cette partie du bas de la main qu'ils ont appelée *Mont de la Lune* est réellement la plus molle de toute

(1) Voir dans la Main-Modèle n° 5 ci-contre le type de la Main Mercurienne ou bilioso-nerveuse.

la main ; et, quand la main est étendue, on y voit, chez quelques personnes, le mouvement d'une pulsation qui abaisse et soulève cette partie sur le côté de la main, de manière à simuler le mouvement du flux et reflux d'une vague.

MAIN N° 6

TYPE LUNAIRE OU LYMPHATIQUE.

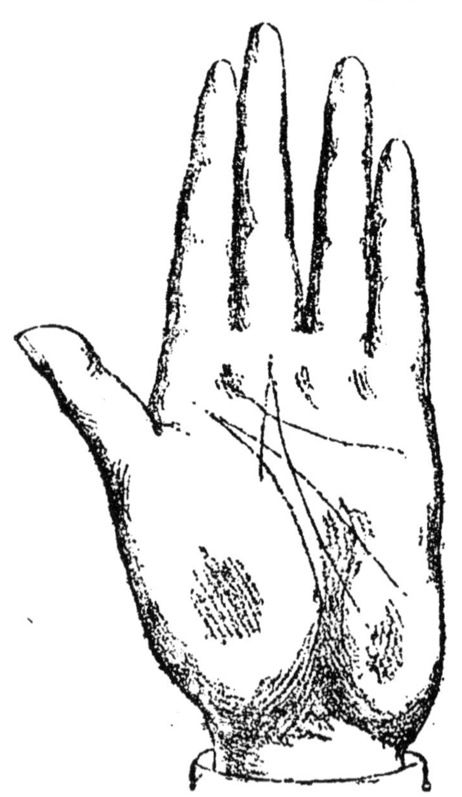

MAIN NONCHALANTE.

Caractère mou, mobile et capricieux.

Et, de fait, la physiologie reconnaît que, chez les personnes d'organisation lymphatique, la partie du bas de la main, nommée par les chiromanciens Mont de la Lune, est réellement beaucoup plus développée qu'elle ne l'est dans les mains des autres organisations, et va même, chez les premiers, jusqu'à donner au bas de la main une épaisseur que n'ont pas ces autres mains.

Cette épaisseur est toujours la marque d'une imagination grande et extrêmement mobile, telle qu'on la remarque chez ceux que même le peuple aujourd'hui, d'accord en cela avec les anciens, regarde comme plus spécialement sous l'action et l'influence de la lune, et que, ainsi que nous l'avons dit, il appelle lui-même lunatiques (1).

VIII

Parlons maintenant de ceux que les anciens croyaient plus spécialement sous l'influence du soleil, et voyons comment ils pensaient que cette influence se manifestait dans la main.

Nous avons vu précédemment que le tempérament que les anciens faisaient résulter de l'influence prédominante du soleil au moment de la naissance d'un enfant, était le tempérament *harmonique*, c'est-à-dire celui qui équilibre le mieux toutes les humeurs organiques, et qui, par suite de cet équilibre, produit le caractère le plus complet au point de vue de l'intelligence des rapports harmoniques de toutes choses; comme aussi au point de vue de la grâce des manifestations tant du côté du corps que du côté de l'esprit.

Ce caractère qui est celui de l'homme de génie créateur en tous les genres, du poëte, de l'artiste, des hommes à imagination grande et féconde, à qui leurs créations dans les lettres, dans les arts, dans les sciences acquerront ou ont acquis déjà de la célébrité, les anciens le reconnaissaient d'abord à la forme de toute la main qui chez l'organisation solaire est toujours belle, élégante et gracieuse, ni trop longue ni trop courte, ni grasse ni maigre, ni molle ni dure, et parfaitement proportionnée dans toutes ses divisions, ayant les doigts presque mathé-

(1) Voir au modèle de Main n° 6 ci-contre, le type de la Main Lunaire ou lymphatique.

matiquement de longueur égale à celle de la paume, toutes les principales lignes d'une exacte régularité, et les saillies ou bosses tant de la main que des doigts à peu près d'une égale hauteur. Mais ils le distinguaient surtout par la forme et la grande longueur du doigt annulaire, le doigt le plus voisin du petit doigt, et qui est ainsi nommé parce que c'est ordinairement à ce doigt que se place l'*anneau* du mariage.

MAIN N° 7

TYPE SOLAIRE OU HARMONIQUE.

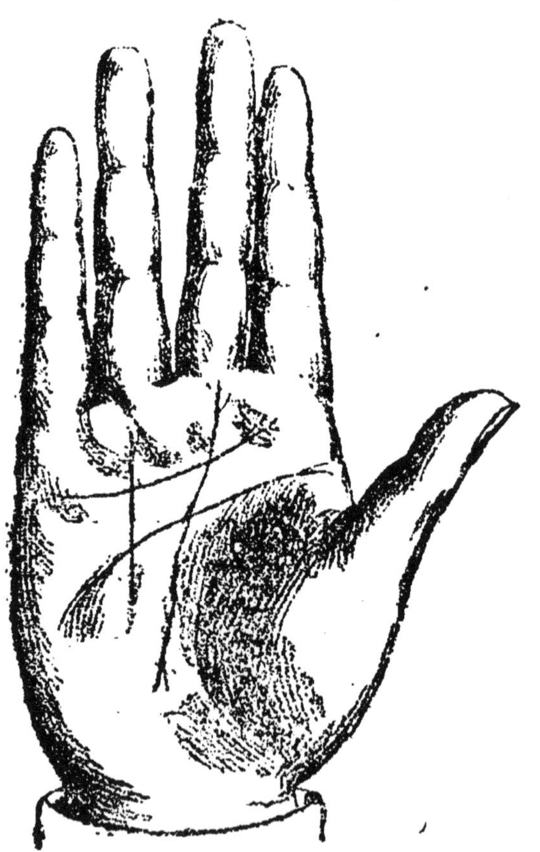

MAIN DE GÉNIE.

Caractère grand, généreux, poëte ou artiste.

Dans les organisations solaires ce doigt est extrêmement long, presque autant que le doigt, du milieu, et la bosse ou saillie qui est à la racine de ce doigt, y est traversée par une ou plusieurs lignes verticales parties de la ligne de cœur ou même de plus bas dans la main, et partageant par un sillon profond cette bosse en une ou plusieurs divisions, entre lesquelles elles forment comme une vallée et un ravin.

Aussi les anciens avaient-ils appelé, dans la main, le doigt annulaire *doigt du soleil* et donné le nom de *mont du soleil* à la bosse ou saillie qui est à la racine de ce doigt, de même qu'ils avaient appelé *lignes solaires*, la ou les lignes qui traversent cette saillie dans les mains des personnes de l'organisation que nous avons appelée Harmonique (1).

Le tableau suivant résume les signes, les plus saillants dans les mains, de chacun des sept caractères généraux, de manière à ce que, par l'aspect de ces signes, ou puisse connaître et indiquer chaque caractère.

(1) Voir à la page ci-contre la Main-Modèle n° 7, qui présente le type de la Main Solaire ou harmonique.

TABLEAU *présentant en regard chacun des sept caractères, et indiquant les parties et les signes de la main par lesquels il peut être reconnu.*

CARACTÈRES.	ORGANISATIONS.	PLANÈTES.	PARTIE DE LA MAINS.
Sérieux, grave et penseur.	(Bilieuse)...........	Saturne...	Sécheresse et maigreur de la main, doigts longs et osseux, longueur du doigt du milieu.
Jovial, bruyant et dominateur, mais loyal et juste.	(Bilioso-sanguine)....	Jupiter ...	Forme carrée du bout du doigt index, le même doigt long et la saillie de la racine de ce doigt large et haute.
Violent, emporté et brutal.	(Sanguine-musculaire)	Mars.....	Main et doigts massifs, milieu du tranchant de la main (du côté du petit doigt), saillant et bombé en demi-cercle.
Bon, doux, sensible et bienveillant, et avec une âme passionnée.	(Nerveuse)..........	Vénus ...	Belle ligne de cœur, la racine du pouce très-saillante.
Fin, adroit et rusé.......	(Bilieuse-nerveuse)....	Mercure.	Petit doigt pointu et très-long, la saillie de ce doigt très-haute.
Mou, lent, changeant et capricieux.	(Lymphatique).......	Lune....	Mollesse de la main et des doigts, la saillie du bas de la main du côté du petit doigt très-épaisse et molle.
Grand, généreux, poëte, artiste de génie.	(Harmonique).........	Soleil...	Toute la main belle, élégante et bien proportionnée, grande longueur du doigt annulaire et la saillie de la racine de ce doigt traversée et creusée profondément par une ou plusieurs belles lignes verticales partant de la ligne de cœur.

Autre TABLEAU *suite du précédent*, LIEUX DES PLANÈTES, DANS LA MAIN, *ou indication des diverses parties de la main sur lesquelles chaque Planète est considérée comme ayant influence.*

PLANÈTES.	PARTIES DE LA MAIN, AVEC LEURS NOMS PLANÉTAIRES.	
Saturne..	Doigt *du milieu* et saillie....................................	(DOIGT et MONT DE SATURNE).
	Lignes de la main, verticales ou obliques aboutissant à ce doigt..........	(SATURNIENNES).
Jupiter..	Doigt *index* et sa saillie..	(DOIGT et MONT DE JUPITER).
Mars....	Saillie bombée du milieu du tranchant de la main.........................	(MONT DE MARS).
Vénus...	Ligne supérieure *de la lettre* M..	(Ligne de cœur).
	Toute la saillie que forme dans la main *la racine du pouce*.................	(MONT DE VÉNUS).
Mercure.	Le *petit doigt* et sa saillie..	(DOIGT et MONT DE MERCURE).
La Lune..	Toute la saillie qui forme *le bas de la main* du côté du petit doigt.........	(MONT DE LA LUNE).
Le Soleil.	Doigt *annulaire* (le plus voisin du petit doigt) et la saillie de sa racine.....	(DOIGT et MONT DU SOLEIL).
	Les lignes traversant verticalement le mont du Soleil.......................	(LIGNES SOLAIRES).

DEUXIÈME PARTIE

LES DIVERSES DIVISIONS DE LA MAIN ET LES SIGNIFICATIONS QUI LEUR ONT ÉTÉ ATTRIBUÉES.

CHAPITRE PREMIER

LA MAIN ET SES DIVISIONS. — LA PAUME. — LES DOIGTS : — LE POUCE.

Par tout ce que nous avons dit dans les trois chapitres précédents, qui forment la première partie de ce livre, sur l'origine de la chiromancie, je crois, chers lecteurs, vous avoir fait suffisamment comprendre quelle a été cette origine et comment cette étude a pu prendre naissance.

Le point de départ a été celui-ci : — Divers caractères existent parmi les hommes. (Vous avez vu que nous en avons compté sept principaux, auxquels nous verrons plus tard que doivent se rapporter tous les autres.) Chacun de ces caractères a ses mains d'une forme différente de celle des mains d'un autre caractère.

La conclusion était toute naturelle : c'était de chercher quelle forme de mains avait chaque caractère, et quelle partie distinguait les mains de tel caractère de celles de tel autre.

Quant à faire intervenir les planètes dans l'origine de ces mains et dans la différence signalée dans leurs diverses formes, suivant le caractère de celui auquel elles appartenaient, cela n'a été, ainsi que nous l'avons vu, que la conséquence de la croyance où étaient les anciens que les mouvement des Planètes et leur position dans le ciel au moment de la naissance d'un enfant, faisaient prédominer sur la formation de l'organisme physique de cet enfant, et par suite sur le caractère qu'il montrerait plus tard, l'influence de tel ou tel de ces astres, et par cette influence devenaient chez cet enfant et chez toute personne, la cause première et de l'organisation, et du caractère, et de la forme des mains.

Cette croyance, nous ne l'avons pas entièrement repoussée : comme nous l'avons dit, elle nous plaît, par ce qu'elle contient à la fois d'élevé, de poétique et de gracieux.

Et si, pour nous, les étoiles ne sont pas précisément la cause *première* de notre être, de notre organisation, de notre caractère et de tout ce que nous sommes (car nous ne leur accordons point la divinité), elles peuvent très-bien en être les causes *secondes*, comme le sont ou l'ont été les organisations diverses de nos parents, les natures diverses de l'air que nous respirons, la diversité des milieux atmosphériques ou climatériques dans lesquels nous nous trouvons, diversité qui de l'aveu même de la médecine peut changer presque du tout au tout les organisations des individus, et d'un tempérament sanguin, bilieux ou nerveux faire même un tempérament lymphatique (1).

Quoi qu'il en soit, nous retiendrons pour la suite de nos explications, dans ce livre, la nomenclature adoptée par les anciens pour distinguer entre elles les diverses parties de la main, et nous appellerons indifféremment et suivant l'occasion, l'index et sa saillie, *doigt et mont de*

(1) Cette assertion n'est pas tout à fait notre avis. Une organisation donnée par la nature à un individu peut s'atrophier, se détruire, perdre ses puissances et ses qualités propres, mais aucun moyen factice, aucune éducation, aucune direction ne lui donneront les facultés et les puissances d'une autre organisation.

Changer un caractère n'est pas une chose qui ait été mise au pouvoir de l'homme, car tous les caractères, comme nous le montrerons plus loin, ont leur raison d'être et leur utilité dans le mouvement et l'harmonie génerale, absolument comme chaque rayon lumineux du prisme et la couleur qui distingue ce rayon, a son utilité, sa nécessité d'emploi pour la formation de la lumière. (*Note de l'auteur.*)

Jupiter; le doigt du milieu, *doigt et mont de Saturne;* l'annulaire, *doigt du soleil,* et le petit doigt, *doigt de Mercure,* etc.

Seulement en expliquant plus complétement les diverses parties de la main, nous reviendrons sur cette nomenclature et la classerons avec plus de précision.

Ce que nous en avons dit n'a été que pour préparer le lecteur à la croyance et à l'intelligence de ce que nous verrons plus loin, qu'on peut lire dans la main, et lui montrer d'avance que cette lecture a une origine, des bases et des principes même rationnels et *physiologiques.*

Maintenant nous allons nous occuper d'étudier en détail chaque partie ou division de la main, et d'indiquer et faire connaître quelle signification chiromancique a été attribuée à chacune de ces parties, suivant sa forme et sa disposition dans la main.

Donnons d'abord la connaissance des principales divisions de la main.

I

La main se divise d'abord en deux parties principales: la partie pleine et massive de la main qu'on appelle *la paume,* et la partie divisée et mobile qu'on appelle *les doigts.*

Aux doigts, comme nous l'avons vu déjà, appartiennent les bosses ou saillies qui sont à leur racine ; et, dans l'explication de ces saillies, nous ne les compterons pas comme dépendant de la paume, mais bien des doigts, comme nous l'avons fait précédemment.

Cette observation faite, disons que la paume de la main chez l'homme comme le sabot du pied chez l'animal, représente plus spécialement les *instincts* de l'animalité ou de la vie matérielle et animale, tandis que les doigts indiqueront plus spécialement la vie et les puissances de l'intelligence.

Ainsi les personnes qui ont la paume, ou partie pleine de la main, massive, large, épaisse et dure, sont généralement des personnes chez qui dominent les instincts matériels, et chez qui l'esprit lourd et peu dégagé, a peu de ressources même pour satisfaire ces instincts; et ordinairement à de pareilles mains sont joints des doigts également massifs, gros, peu flexibles et presque aussi gros au bout qu'à leur racine.

Car, nous l'avons dit, la Nature ne se contredit pas, et la main devant être l'instrument du cerveau, un cerveau obtus n'aurait que faire de mains fines destinées à exécuter des ouvrages fins et délicats qui déjà demandent la finesse de la conception et de la pensée.

Au contraire, une paume de main courte et étroite, peu massive, et qui ne semble être, pour ainsi dire, que la racine prolongée des doigts, indique une personne d'esprit fin, délicat et subtil, peu préoccupé des choses matérielles, mais éminemment doué pour les choses de goût, d'adresse et de sentiment.

A la paume de telles mains sont ordinairement joints des doigts minces et effilés, d'une agilité et d'une adresse extrêmes. Telles sont les mains de la plupart des prestidigitateurs, et de ceux qui font des tours avec les cartes, les gobelets et autres instruments propres à faire valoir la subtilité et l'agilité de la main et des doigts.

II

Quand la paume de la main, mesurée du bas de la main vers la jointure du bras jusqu'au-dessus de la racine des quatre doigts supérieurs, est beaucoup plus longue que le doigt du milieu, sans que cette paume soit trop lourde ni trop massive, ce n'est point essentiellement la marque de peu d'esprit, ces mains-là se rencontrent même chez des gens de beaucoup d'intelligence ; mais comme c'est toujours une marque que l'instinct l'emporte sur le raisonnement, c'est l'indice d'un caractère *peu soucieux des détails* et ne jugeant que l'ensemble des choses.

Les personnes douées de telles mains, avec la paume plus longue que les doigts, ne chercheront jamais, comme l'on dit, *la petite bête*, seront faciles, coulantes et rondes en affaire comme en amour, et seront peu portées à l'esprit de contradiction et de critique.

Par contre, elles seront peu capables pour apprendre *par cœur* des récits qu'il faut reproduire mot à mot, comme dans les leçons des écoles, les rôles des théâtres, les sermons des prédicateurs, etc., etc.

Mais, en revanche, elles seront douées du talent de l'improvisation, et ne resteront jamais court dans une conversation sérieuse ou sur un sujet utile.

III

Contrairement à ce que nous venons de dire pour les personnes qui ont la paume de la main plus longue que les doigts, celles de qui cette même paume, mesurée comme nous l'avons dit, est beaucoup plus courte que leur doigt du milieu, ont le sens de l'esprit beaucoup plus actif et plus éveillé que l'instinct matériel.

Aussi voudront-elles mettre de l'esprit dans tout pour faire briller le leur, et elles seront constamment portées à la contradiction et à la critique.

Et cette critique, elles l'exerceront sur les plus minces détails, sur le nœud de votre cravate, sur le sous-pied de votre pantalon, sur un grain de poussière resté sur votre habit, sur votre démarche, votre manière de vous tenir, etc., etc.

Les gens qui possèdent de pareilles mains avec des doigts plus longs que la paume, sont admirablement doués de la mémoire des mots. Aussi, dans leur enfance et leur jeunesse, font-ils, dans les écoles, des perroquets savants, et qui vous récitent leurs leçons, sans faire aucune faute, sans avoir changé un mot au texte de leur livre; mais qui prouvent ensuite, par leurs compositions, que pas un seul mot de ce livre si bien appris, n'a été compris par eux.

Dans la suite, s'ils veulent suivre la vocation littéraire, ils n'y seront que ce qu'on a appelé « des fruits secs. » Et s'ils entrent dans la carrière du commerce, des affaires, ils y porteront cet esprit de tatillonnement et de minutie qui les empêchera toujours de rien entreprendre de grand, et qui puisse avoir des résultats importants. Et pour ceux qui auront affaire avec eux, pour des relations d'intérêt surtout, ils auront à prendre bien leurs précautions, à bien s'entendre par avance, à bien stipuler leurs conditions, et même par écrit, s'ils ne veulent pas plus tard avoir avec ces mêmes gens des chicanes et des procès.

En amour les gens doués de telles mains feront rarement de bons maris et les femmes, de bonnes épouses;

Et nous ne conseillons de tels mariage qu'à ceux qui se plairaient à vivre dans une atmosphère agitée, et qui auraient besoin que leur sang soit fouetté par les orages et les querelles de leur intérieur domestique.

IV

Si la longueur de la paume de la main est la même que celle des doigts, mesurée comme nous l'avons dit, c'est-à-dire sur la longueur du doigt du milieu, ce sera la marque que l'instinct matériel et l'intelligence sont dans un bon équilibre. C'est toujours l'indice d'un bon caractère et d'un esprit droit et juste, et il n'y a guère que les organisations jupitériennes (tempérament bilieux-sanguin) et les organisations solaires (tempérament harmonique) qui présentent ces sortes de mains.

Quand on les rencontre, on peut hardiment se fier aux personnes à qui ces mains appartiennent, à moins que ces mains présentent d'autres signes qui doivent inspirer de la défiance.

Mais à part ce cas, assez rare, car je l'ai dit, la Nature ne se contredit pas, la confiance aux gens qui possèdent des mains dont les doigts ont exactement la longueur de la paume, ne sera jamais trompée.

V

Si la paume de la main est molle, flasque, sans résistance et comme boursouflée, c'est la preuve d'un caractère mou, sans énergie et sans valeur.

A cette paume sont ordinairement joints des doigts de

même nature, gros et arrondis en fuseaux, à leur racine, et s'effilant vers leur extrémité pour devenir presque pointus du bout.

Ces doigts et cette paume sont presque toujours la marque d'une organisation lymphatique ou *lunaire*, et se rapportent au caractère que nous avons dit ci-dessus être le produit de cette organisation.

VI

Si la paume de la main est ferme, solide, même dure, c'est la marque d'un *caractère vigoureux*, *dur* et *résistant* au travail et à la fatigue.

C'est aussi l'indice d'un esprit constant, patient et persévérant.

Si à cette paume sont joints des doigts maigres, osseux et avec des nœuds aux jointures, l'homme sera penseur, mais de conception lente et difficile et il lui faudra beaucoup de travail pour arriver à élucider sa pensée.

Si, au contraire, à une paume dure sont joints des doigts gros et massifs, obtus et comme tronqués du bout, l'homme ne sera capable que de travaux matériels et manouvriers, et sera presque nul pour le travail de tête et pour la pensée.

VII

Par la température de la paume d'une main, on peut reconnaître l'état de santé de la personne à qui cette main appartient.

Une paume froide, mais douce et lisse au toucher, est l'indice d'un bon état de santé et d'un bon équilibre du sang et des autres humeurs.

Une paume humide et brûlante dénote un état fiévreux et une faiblesse de l'organisme; et même bien souvent un vice dans le fonctionnement des poumons.

Une paume sèche et froide révèle un vice du fonctionnement des nerfs, indique des nerfs surexcités et malades.

Enfin une paume froide et humide fait présumer un commencement de maladie du foie.

Bien d'autres renseignements relatifs à la santé sont

encore donnés par l'inspection de la paume à l'aide des lignes qui s'y trouvent; nous en reparlerons plus loin quand il sera question de ces lignes.

Maintenant nous allons étudier un peu les doigts.

VIII

Des cinq doigts de la main nous en connaissons déjà quatre :

L'*index* (le doigt le plus rapproché du pouce) et que nous avons appelé doigt du commandement ou de Jupiter.

Le *medius* ou doigt du milieu (grand doigt) que nous avons nommé doigt de Saturne.

L'*annulaire* (doigt le plus rapproché du petit doigt) que nous avons appelé doigt du Soleil.

Enfin le *petit doigt*, appelé aussi *auriculaire* (le même que les mamans disent à leurs enfants savoir tout) et que nous avons nommé chiromanciquement doigt de Mercure. Il nous reste donc à parler du *pouce*.

Le pouce est appelé en latin *pollex* (*le puissant*) doigt qui peut, parce qu'il est le plus fort et le plus puissant de tous les doigts, et que, quand la main est fermée, il se pose sur les autres doigts, comme un verrou, et empêche qu'on ne puisse les ouvrir.

De là vient que les personnes à qui, par accident ou autrement, manque le pouce, n'ont point de résistance pour tenir cette main fermée, quand quelqu'un la leur veut ouvrir de force ;

Et que ceux à qui autrefois on coupait les pouces pour quelque méfait, et que le peuple appelait pouce coupé, en latin *pollice trunco*, d'où est venu le mot de poltron, n'avaient point de puissance pour repousser une attaque; ce qui fait que par la suite on a appelé *poltrons* ou pouces coupés, les gens à qui manquait le courage de résister à des agresseurs, ou de venger une injure.

De là vient aussi la locution, « mettre les pouces » dont se servent aussi les gens du peuple pour dire céder.

« Il *a mis les pouces* », c'est-à-dire il en est venu à ce que j'ai voulu, il m'a cédé. De là vient aussi que, dans les usages de la police, quand on arrête un malfaiteur, on lui lie immédiatement ensemble les deux pouces, ce qu'on appelle « mettre les poucettes, » parce qu'on sait que par ce moyen on paralyse en lui toute résistance.

Le pouce, par la raison qu'il est le plus puissant de tous les doigts, a été considéré par les chiromanciens, comme représentant la plus grande puissance du cerveau, celle de *la volonté*.

D'après ce principe, un pouce très-long indique toujours une grande puissance de volonté, une volonté très-énergique.

Le pouce long existe :

1° Dans les organisations *saturniennes* ou bilieuses (1), organisations puissantes pour la pensée et pour la volonté.

2° Dans les organisations *jupitériennes* ou bilioso-sanguines (2), que nous avons vues être disposées pour le commandement et par conséquent qui savent le *vouloir*.

3° Le pouce long existe encore chez les organisations *mercuriennes*, ou bilioso-nerveuses (3), lesquelles ont d'autant plus de volonté qu'étant de caractère fin et adroit, elles ont dans l'esprit de plus nombreuses ressources pour réaliser ce qu'elles veulent.

Au contraire du pouce long, le pouce court indique une volonté faible et peu résistante.

Aussi le pouce court existe-t-il chez les organisations qui par leur nature ont peu d'énergie, ou sont appelées par leur constitution à ne pas avoir d'initiative personnelle et à attendre leur direction d'autrui.

Ainsi le pouce est court :

1° Chez les organisations *lunaires* (4) ou lymphatiques parce que ces organisations manquent toujours d'énergie, et aussi parce qu'ayant peu d'initiative personnelle, elles sont beaucoup mieux sous la direction d'autrui et dans des occupations subalternes, que quand elles sont abandonnées à elles-mêmes.

(1) Main n° 1, page 30.
(2) Main n° 2, page 32.
(3) Main n° 5, page 38.
(4) Main n° 6, page 40.

2° Le pouce est court également chez l'organisation sentimentale ou *vénusienne* (nerveuse-lymphatique) (1), organisation, qui est ordinairement celle de la femme, parce que par sa nature la femme est destinée à agir presque toujours sous la direction d'autrui. Jusqu'à son mariage, c'est dans sa famille qu'elle doit être et à sa famille qu'elle doit obéir ; — mariée, c'est seulement par la soumission de sa volonté à celle de son mari, qu'elle peut espérer d'être heureuse et tranquille dans son intérieur. Aussi la femme bien douée, la femme de son sexe et qui est vraiment femme, a toujours le pouce plutôt court que long.

Se défier des femmes qui ont un long pouce. Dans le mariage elles voudront toujours avoir la supériorité, la direction de tout, et porter, comme l'on dit vulgairement, « les culottes. »

De telles femmes, si elles veulent que leur mari se soumette à leur volonté dans le ménage, devront prendre ce mari parmi ceux qui ont le pouce très-court. Elles n'auront pas de mari, mais elles auront un domestique soumis et docile, et c'est à peu près ce qui leur convient le mieux.

Le pouce est court aussi :

3° Chez les organisations dites de Mars, ou en d'autres termes chez les organisations que nous avons appelées musculaires-sanguines (2), organisation d'où découle le caractère violent, emporté et brutal, parce que ces organisations ne doivent pas être laissées à leur initiative personnelle, et doivent être toujours tenues sous la direction d'autrui.

Quelque violentes, quelque emportées que soient de telles organisations, une volonté calme, ferme et énergique les dominera toujours, et la Nature veut que les hommes ainsi organisés restent toujours sous la direction et la domination de caractères plus énergiques et doués de plus de volonté.

Telle est l'origine de la discipline dure et inflexible qui a été adoptée pour les hommes qui suivaient la carrière

(1) Main n° 4, page 36.
(2) Main n° 3, page 34.

militaire, et pour laquelle les meilleurs étaient précisément ces hommes au caractère violent et brutal, mais comme je l'ai dit, de peu de résistance devant un caractère plus fort et de volonté plus ferme, et cela précisément parce qu'ils ont le pouce court.

Les gens au pouce court feront toujours d'excellents domestiques ou de bons manouvriers, sous la direction d'un maître ou d'un patron, pourvu que ce maître ou ce patron les traite avec douceur et bienveillance, mais sans se familiariser avec eux, leur demandant toujours poliment ce qui est de leur service, mais ne souffrant, sous aucun prétexte, qu'ils y manquent volontairement.

Les gens au pouce court, qui appartiennent au type musculaire, quand ils sont désœuvrés ou trop leurs maîtres, se livrent à l'ivrognerie et à la débauche, pour tuer en eux l'énergie vitale qui les sollicite à l'action matérielle qui est leur lot; ou, tournant cette énergie au mal, deviennent nuisibles aux autres hommes, et portent atteinte à leur tranquillité, à leurs propriétés, souvent même à leur vie.

Avis aux parents de bien veiller sur ceux de leurs enfants qui auraient le pouce court, et sur leurs fréquentations et les amis avec lesquels ils se lient.

Car, ayant peu de volonté, ces enfants subiront facilement la volonté d'autrui, et se porteront ou vers le bien ou vers le mal, suivant qu'ils y seront entraînés par une volonté supérieure ou plus forte, ou même simplement *par l'exemple.* D'où nous concluons que pour les organisations à pouces courts, même la simple lecture de romans à héros immoraux ou peu délicats sur le respect de la vie et de la tranquillité intérieure des familles, celle de récits judiciaires sur des brigands ou assassins célèbres, ou la vue de représentations théâtrales sur des sujets semblables, est toujours dangereuse et peut devenir très-funeste par le besoin qu'ont de semblables organisations d'imiter ceux qu'ils admirent, ou même simplement ceux qui ont fait parler d'eux (1).

(1) Les gens aux pouces courts sont excessivement imitateurs : n'ayant par eux-mêmes aucune initiative, toujours ils veulent faire ce qu'ils voient fait par les autres.

CHAPITRE II

SUITE DES DOIGTS. — LE POUCE (*suite*). — LES DIVISIONS DES DOIGTS OU PHALANGES, ETC.

I

Par ce que nous venons de dire dans le chapitre précédent sur les organisations aux pouces longs et sur celles aux pouces courts, on a pu voir combien ont peu étudié la Nature, ceux qui ont prétendu établir parmi les hommes l'égalité :

Car cette égalité, la Nature ne la veut pas.

Bien au contraire, elle veut l'inégalité parce que c'est précisément de cette inégalité qu'elle tire ses plus sublimes accords et ses plus suaves harmonies.

C'est par l'inégalité qu'elle relie le fort au faible et établit entre eux un lien d'amour et d'affection.

Elle fait naître l'enfant faible, impuissant, incapable de tout, mais en même temps elle place près de lui ses parents, dont la force, la puissance, la capacité vont venir à son aide.

Et l'enfant, malgré sa faiblesse tout aussi bien que les parents avec leur force, sera préservé de tout mal.

Si elle a donné à la femme moins de force physique qu'à l'homme, c'est précisément pour que l'homme pût la protéger et l'abriter par sa force contre tous les obstacles, toutes les difficultés, tous les dangers que la faiblesse de celle-ci serait impuissante à repousser d'une manière complète.

Mais, précisément par cette faiblesse relative de la femme, elle établit, entre celle-ci et son époux qui la protége, un lien d'amour et d'affection réciproque qui est à tous deux leur moralité et leur bonheur.

Seulement, comme la Nature ne se contredit pas, elle a donné à celles de ses créatures qu'elle a douées de faiblesse, la docilité à être protégées, dirigées : de là le pouce court; et à celles qu'elle a investies de force, le besoin et la puissance de protéger, de commander, de diriger : de là les pouces longs; de sorte que par suite de l'organisation des uns et des autres, il y a autant de bonheur pour les êtres qui sont protégés, que pour ceux qui protégent; et que ceux qui par leur constitution ou leur âge sont destinés à obéir sont aussi heureux dans leur obéissance, que ceux qui par leur constitution sont destinés à commander peuvent être heureux par le commandement; absolument comme un vase de petite capacité, quand il est plein, est aussi plein que peut être plein un vase de plus grande capacité.

Une autre conséquence qui doit résulter de ce que nous avons dit précédemment sur les pouces longs et sur les pouces courts, c'est que si nous avons besoin d'un serviteur ou d'un employé domestique quelconque, nous devrons le choisir parmi ceux qui ont le pouce court; alors nous serons sûrs qu'il sera facile à diriger et fera non sa volonté mais la nôtre. Et si, par hasard, nous le prenions avec des pouces longs, nous devrons nous attendre à écouter de nombreuses contestations avant qu'il se décide à faire ce que nous désirerons, et encore ne le fera-t-il pas comme nous le lui aurons dit, mais seulement à sa tête et comme il l'aura voulu lui-même.

Ce n'est pas que quelquefois, par nécessité, par raison, et par dévouement pour sa famille ou autrement, un homme aux pouces longs ne puisse se faire un bon serviteur domestique ; mais il aura besoin pour cela d'une grande résignation, d'une grande domination sur lui-même.

Car, règle générale, les hommes aux pouces longs ne sont pas nés pour servir, mais pour être servis, et n'étaient pas destinés à obéir, mais à commander.

Nous ferons observer, néanmoins, que même avec les pouces le plus longs, l'enfant, jusqu'à l'âge d'homme, que la loi a fixé à vingt-un ans, mais qui n'existe réellement dans sa plénitude qu'à vingt-cinq, doit obéir et se soumettre à la direction de ses parents.

La raison en est que, quoique la longueur de ses pouces

l'appelle à commander plus tard, comme il n'est pas complétement formé et homme-fait avant l'âge que nous venons d'indiquer, il ne peut pas avant cet âge, avoir d'une manière complète ni la science, ni la puissance, ni l'*influence morale* nécessaires pour le commandement.

Et puis, l'intelligence qui accompagne d'ordinaire les organisations aux pouces longs, jointe au respect des hiérarchies dont ces organisations ont plus que toutes les autres le sentiment, leur fera comprendre qu'à aucun âge un fils ne doit imposer sa volonté à ses parents, et même qu'à tous les âges, il doit à leur volonté, à leurs désirs, sa déférence et son respect.

II

Entre le pouce long et le pouce court, il y a le pouce *moyen;* c'est-à-dire, qui n'est ni long, ni court, mais d'une exacte proportion avec le reste de la main.

Ce pouce moyen, il n'y a guère qu'une seule organisation qui le possède : c'est l'organisation que nous avons appelée *solaire* ou harmonique, celle qui donne le caractère généreux, grand, inspiré, du poëte, de l'artiste et de l'homme de génie.

Mais pourquoi les hommes de ce caractère n'ont-ils été doués que d'une volonté médiocre, car c'est ce qu'indique leur pouce moyen. Pourquoi? parce qu'ils n'en avaient pas besoin d'une plus grande.

Ce n'est point par sa volonté que l'homme supérieur est appelé à dominer les autres hommes, à s'imposer à leur volonté, et à les faire vouloir ce qu'il veut lui-même.

C'est par lui-même, par sa présence seule; par ce qu'il est, *ce qu'il est.*

Le soleil pour dominer tous les autres êtres, pour vaincre les ténèbres et la nuit, n'a besoin d'aucune volonté: il n'a qu'à se montrer, qu'à paraître.

Il en est de même des organisations que l'heureuse influence de cet astre a douées des dons sublimes d'un génie inspiré et créateur, d'une âme grande, enthousiaste, poétique : elles n'ont pas à *vouloir* pour s'imposer aux autres organisations, et pour les entraîner où elles se sentent entraînées elles-mêmes :

Elles n'ont qu'à laisser leur inspiration paraître, aller en avant ; et aussitôt la foule les suit, se précipite sur leurs pas, les acclame, comme autrefois les premiers hommes, nos premiers parents, acclamèrent le soleil, quand ils l'aperçurent pour la première fois : et quand à son coucher il disparut, et que la nuit fut venue, nuit qu'ils ne connaissaient pas encore, ils se regardèrent tous avec désespoir, l'un l'autre, se disant les uns aux autres où est, où est-il ? comme s'il n'y avait eu que lui dans la nature; ce qui fait que l'on a appelé *Ouest*, le point de l'horizon où le soleil *se couche*, c'est-à-dire disparaît le soir.

Et puis quand le lendemain ils le virent reparaître de nouveau à l'horizon du côté opposé au point où il avait disparu: « Est, Est ! » crièrent-ils tous ensemble, le voilà, le voilà ! ce qui fait que l'on a appelé *Est* le point de l'horizon où le soleil se lève, point opposé à l'Ouest, c'est-à-dire à celui où le soleil se couche.

Il en est de même de l'homme de génie.

Apparaît-il à la foule, ce sont des cris de joie et d'enthousiasme : c'est une lumière, c'est un astre nouveau qui rayonne aux regards du monde entier.

Qu'il s'appelle Homère, Virgile, Dante, Pétrarque, Lamartine, Victor Hugo, Béranger, Dumas, etc., etc., ou bien Apelles, Raphaël, Perugin, Michel-Ange, etc., etc. !

Et qu'il ait, pour enthousiasmer les peuples, ou une lyre, ou un pinceau, ou un ciseau de sculpteur, ou même simplement une plume !

A de tels hommes leur volonté n'est rien, leur présence, leur talent est tout.

III

Parlons maintenant des divisions de chaque doigt.

Chaque doigt de la main contient trois divisions données par les trois os qui le composent, et qui sont ajoutés au bout l'un de l'autre par une charnière, par le moyen de laquelle le doigt se plie de même en trois endroits, savoir :

1° A sa racine, par où il tient à la main;

2° Au premier tiers environ du doigt du côté de la racine;

3° Enfin au 2e tiers du côté où se trouvent le bout du doigt et l'ongle qui l'accompagne.

Ces trois divisions de chaque doigt de la main ont été appelées phalanges.

Arrêtons, pour être clair et pour être bien compris, que nous appellerons :

Première phalange, celle par où le doigt tient à la main.

Deuxième phalange, celle qui compose le milieu du doigt entre les deux autres, et *troisième phalange* celle qui forme le bout du doigt et où se trouve l'ongle.

Cette distinction que nous faisons de chacune des trois phalanges ou divisions de chaque doigt, en première, deuxième èt troisième, est très-importante.

Car d'abord chacune de ces trois phalanges a une signification différente, et ensuite chaque phalange peut, suivant les mains, être ou plus longue, ou plus courte, ou plus épaisse ou plus mince, ou plus grasse ou plus maigre, etc., etc.; de plus elle peut avoir l'une ou l'autre de ces qualités pour tel doigt et ne pas l'avoir pour tel autre, ce qui entraîne, soit pour la main soit pour le doigt, autant de significations nouvelles amenées par ces modifications diverses, et relatives à l'organisation et au caractère individuel de chacun.

IV

Disons d'abord d'une manière générale que dans toutes les mains la première phalange de chaque doigt, c'est-à-dire celle par où le doigt tient à la main, par la raison qu'elle est la plus rapprochée de la paume, a une signification en rapport avec celle de la paume elle-même, c'est-à-dire que, comme la paume, elle signifie surtout l'*instinct matériel*, c'est-à-dire à la fois le goût, l'appétit et la tendance pour tout ce qui touche au bien-être du corps.

En conséquence de ce principe ceux qui auront cette première phalange de leurs doigts longue, large, grosse et grasse, seront des gens chez qui dominera le besoin et l'appétit des satisfactions matérielles, c'est-à-dire relatives à ce qui touche au bien-être du corps. Seulement le genre d'appétit et de la satisfaction réclamée par cette organisation, sera indiqué par la signification particulière du doigt ainsi conformé :

Si c'est le doigt *index* ou doigt de Jupiter qui a sa première phalange ainsi longue et grasse, comme ce doigt est le doigt du commandement, cela annoncera dans le caractère un besoin de domination ayant principalement pour but de se procurer tout le bien-être de la vie, bonne table, bon lit, appartements commodes, vêtements confortables, etc., etc.

On voudra être le maître des autres, mais ce ne sera ni par orgueil, ni par gloriole, mais simplement pour être mieux logé qu'eux, mieux nourri, mieux vêtu, pour aller en voiture quand les autres vont à pied, enfin pour se donner les plaisirs et les jouissances que les autres ne pourront pas se donner.

Si c'est le doigt *du milieu*, ou doigt de Saturne dont la première phalange (celle de la main) se montre ainsi longue et grasse, comme ce doigt est le doigt des hautes études, attribut de Saturne, on voudra être savant non pour l'honneur que pourra donner le savoir, mais bien pour les bénéfices matériels qui en reviendront, pour l'argent qu'on en retirera et pour le bien-être que l'on pourra se donner avec cet argent. On sera flatté de la renommée que des écrits, ou des études profondes auront faite, mais ce sera parce que cette renommée attirera des invitations à des dîners, à des banquets, à des spectacles gratis, etc.

Si c'est le doigt *annulaire* ou du Soleil, dont la première phalange présente cette conformation de grosseur et de largeur, ce qui est du reste excessivement rare chez l'organisation véritablement artistique, on aimera les arts, ou les cultivera même, mais ce sera surtout pour le bien-être matériel qu'ils rapporteront et en aucun cas on ne leur sacrifiera ce bien-être.

Ainsi on aimera : dans les tableaux, surtout le luxe des encadrements; dans les statues, la richesse, la valeur du métal dont elles seront formées, etc.

Enfin le petit doigt ou doigt de Mercure ainsi conformé avec une première phalange longue et grasse, indiquera une disposition à employer à se procurer le bien-être et le confortable de la vie matérielle, toute sa finesse d'esprit, toute son adresse, toute sa ruse même.

Quant à la première phalange du pouce, nous n'en avons point parlé.

A l'extérieur de la main elle est à peine apparente, et à l'intérieur elle est entièrement absorbée dans la saillie, ou monticule, qui forme la racine du pouce et que nous avons appelée Mont de Vénus.

Et elle n'a guère d'autre signification que celle même du plus ou moins de hauteur et d'étendue de ce mont; nous en reparlerons plus loin, quand nous compléterons ce que nous avons à dire sur les bosses et saillies des doigts.

Revenons de nouveau à la première phalange des autres doigts.

Si, au contraire de ce que nous avons supposé précédemment, la première phalange d'un doigt, vers la main, est courte, mince et maigre, cela signifiera un grand désintéressement de tout bien-être matériel dans le penchant donné par ce doigt.

Si c'est l'index ou doigt de Jupiter dont la première phalange est ainsi conformée, cela signifiera que si l'on aime le commandement, ce ne sera pas du tout pour être mieux logé, mieux nourri, mieux vêtu, mais pour toute autre raison qui sera indiquée par le plus ou moins de longueur de ce doigt et de ses autres phalanges.

De même, si c'est le doigt du milieu ou doigt de Saturne dont la première phalange est courte et maigre, dans l'étude des sciences on ne recherchera ni l'intérêt, ni le bien-être.

La même chose se produira pour les travaux des arts, si c'est le doigt *annulaire* ou doigt du Soleil qui a sa première phalange ainsi disposée, et si ce doigt dénote une organisation solaire : on sera enthousiaste de l'art pour l'art et non pas pour l'intérêt.

Et si cette même conformation courte et maigre de la première phalange se rencontre au petit doigt ou doigt de Mercure, si ce doigt indique une organisation fine et adroite, on ne se servira ni de sa finesse ni de son adresse, pour son intérêt et son bien-être personnel.

Passons maintenant à la deuxième phalange. La deuxième phalange de n'importe quel doigt par la raison qu'elle ne touche pas à la paume de la main, n'indique aucun instinct matériel; ce qu'elle fait connaître c'est la capacité de l'intelligence pour les choses et les fonctions qu'indique le doigt.

Ainsi au doigt index ou doigt de Jupiter, une longue ou épaisse deuxième phalange signifie l'intelligence du commandement; au même doigt une deuxième phalange courte indique au contraire qu'on aura peu d'intelligence pour le commandement : on ne saura pas commander ni se faire obéir.

Au doigt du milieu ou doigt de Saturne, la deuxième phalange longue et épaisse signifiera : capacité pour les hautes études; courte et mince, elle indiquera le contraire, c'est-à-dire peu d'intelligence pour s'appliquer aux études abstraites.

Au doigt annulaire ou doigt du Soleil, longue, la deuxième phalange signifiera : intelligence pour les arts; courte, elle indiquera au contraire défaut d'intelligence pour les choses d'art.

La même deuxième phalange, longue au petit doigt ou doigt de Mercure, signifiera : intelligence des choses fines et adroites, celles qui demandent une subtilité et une finesse d'esprit.

Mais, si cette deuxième phalange du petit doigt est courte par rapport aux autres, elle indiquera : peu de subtilité d'esprit, peu de finesse.

Enfin au pouce ou doigt de la Volonté, la deuxième phalange, celle qui a l'air de commencer le pouce vers le milieu de la hauteur de la main, signifiera, si elle est longue : intelligence dans la volonté, c'est-à-dire intelligence pour ne vouloir que ce que l'on peut exécuter, que ce qui est possible à nos moyens.

Et si elle est courte, elle dénotera un défaut d'intelligence dans la volonté, c'est-à-dire un entêtement à vouloir ce qui n'est pas possible, du moins à nos forces, à nos moyens ou à nos capacités.

CHAPITRE III

SUITE DES PHALANGES OU DIVISIONS DE CHAQUE DOIGT. — LA TROISIÈME PHALANGE ET SES SIGNIFICATIONS SUIVANT LE DOIGT. — OBSERVATION IMPORTANTE SUR LES SIGNIFICATIONS DE LA PHALANGE ONGLÉE DU POUCE, LONGUE OU COURTE. — ERREUR A CE SUJET DES CHIROMANCIENS MODERNES.

I

La troisième phalange des doigts, celle où se trouve l'ongle, a été appelée divine. Quand la main est debout, elle présente vers le ciel l'extrémité des doigts comme pour soutirer le fluide céleste ainsi que le font les pointes des paratonnerres.

De là vient sans doute l'usage de prier avec les mains jointes et le haut des doigts tourné vers le ciel. C'est sans doute par cette extrémité que leur arrive leur communication avec le fluide de l'astre planétaire qui leur correspond.

Ce qu'il y a de certain, c'est que cette extrémité des doigts, comme une pointe électrique, peut arriver à se saturer du fluide ambiant quand la main a reposé sur une machine électrique en mouvement; et c'est surtout par l'extrémité des doigts que se dégage ce fluide avec plus de violence, si cette extrémité est mise en rapport avec un autre corps non électrisé.

Dans les expériences du magnétisme, l'action la plus forte du fluide magnétique se manifeste quand le magnétiseur présente à la personne magnétisée sa main étendue horizontalement, la paume en dessous, avec le bout de ses doigts tourné contre cette personne à la hauteur de l'épigastre.

Ce mouvement et cette direction de sa main et de ses doigts, il l'emploie surtout, quand il a besoin de calmer chez le magnétisé, des spasmes et des soubresauts nerveux, et constamment cette position de la main réussit à obtenir le résultat désiré.

C'est cette connaissance donc de la puissance qu'ont les extrémités des doigts d'attirer et d'émettre le fluide céleste qui a fait donner, comme nous l'avons dit, le nom de divine, ou de représentante du Monde divin ou astral, à la troisième phalange de chaque doigt, d'où l'on a considéré cette troisième phalange comme étant la marque que c'est à l'ordre divin ou à un but idéal et spirituel que, suivant le doigt, chaque personne rapportera la puissance ou les fonctions signifiées par le doigt.

Conséquemment à cette doctrine, un doigt *index* ou doigt de Jupiter ayant sa première phalange (celle de l'ongle) plus longue que les autres phalanges du même doigt, sera la marque d'une tendance à commander dans le sens de l'ordre et de la justice. Ce sera donc la marque d'un caractère essentiellement droit et loyal.

Si, au contraire, cette troisième phalange (celle de l'ongle) du doigt index se trouve plus courte que les autres phalanges du même doigt, ce ne sera point en vue de la justice que l'on commandera, mais en vue du but signifié par la phalange la plus longue. Si cette phalange la plus longue est la deuxième, ce sera pour le plaisir d'exercer une domination ou pour montrer qu'on sait l'exercer; ou bien, si la plus longue phalange de ce doigt index est la première (celle qui touche à la main), ce sera, comme nous l'avons vu, dans un but de bien-être personnel.

De même, si, au doigt du milieu ou doigt de Saturne, la troisième phalange (celle de l'ongle) est la plus longue, cela signifiera : amour de la science pour elle-même ou pour le plaisir de savoir. Si, au contraire, cette troisième phalange du doigt de Saturne est courte, cela démontrera peu d'amour de la science pour elle-même, et si l'on étudie ce ne sera qu'en vue du but signifié par la phalange la plus longue du même doigt.

Au doigt *annulaire* ou doigt du soleil, la troisième phalange (celle de l'ongle) longue indiquera : amour de l'art pour l'art lui-même, pour ce qu'il a de sublime et de divin, et non par gloriole ou pour aucun intérêt. Courte, elle signifierait que c'est ou la gloire du succès (deuxième phalange) ou l'intérêt (première phalange, celle de la main) qui nous rattache au culte des arts et de leurs productions.

De même au petit doigt ou doigt de Mercure (doigt de l'adresse), la troisième phalange (phalange onglée) longue, indiquera : amour des choses de finesse et d'adresse, pour ce qu'elles ont de subtil et de difficile.

Des gens avec cette troisième phalange longue au petit doigt, aimeront à voir des tours d'adresse, de subtilité; ils se plairont à voir manœuvrer les faiseurs de tours de cartes, les prestidigitateurs, les escamoteurs, tout ce qui indique l'agilité et la subtilité de la main. Ils ne seront pas loin d'admirer même un vol adroitement exécuté, considérant dans une action de cette nature, non le vol, mais l'adresse d'esprit et de main que le voleur a montrée.

Ces gens-là feront les lecteurs les plus acharnés des romans judiciaires, si en vogue de notre temps; ils seront les spectateurs les plus assidus, suivant leurs moyens, des représentations théâtrales contenant des scènes de brigands et autres personnages de même genre en lutte contre la société, et ce ne sera pas toujours aux brigands que ces gens donneront le plus de torts.

Courte, au contraire, la troisième phalange du petit doigt signifiera peu de goût et d'admiration pour les tours d'adresse et pour la subtibilité d'esprit, à moins qu'on en retire soi-même ou de la gloire (deuxième phalange) ou un intérêt quelconque (si la plus longue phalange du petit doigt, c'est *la première* (celle de la main).

Enfin, au doigt du pouce, doigt de la volonté, si la troisième phalange (phalange onglée) est la plus longue, on en pourra conclure que le caractère est doué d'une volonté juste et droite, se rapportant plutôt à ce que demandent le droit, l'ordre et la justice, qu'à ce que réclameraient ses propres intérêts personnels, son amour-propre ou sa passion.

Au contraire, la troisième phalange (phalange onglée) du pouce, courte, indique non pas, comme l'ont prétendu quelques chiromanciens modernes, peu de volonté (car cette troisième phalange (celle de l'ongle) est courte à des gens très-entêtés), mais bien une volonté qui pour sa réalisation se préoccupera peu de la justice ou de la convenance de la chose voulue, et pour cette chose écoutera plus son sentiment et sa passion que la raison.

Une troisième phalange (phalange onglée) du pouce, courte est commune à toutes les organisations sensitives, chez qui domine et doit dominer l'instinct, et non la pensée, et qui sont destinées à agir plus sous l'inspiration du sentiment que sous celle du raisonnement et de la conviction.

Telle a été établie plus spécialement l'organisation de la femme ; car celle-ci, pour ne pas faillir à sa mission de protéger le faible, a beaucoup plus besoin de sentir que de raisonner, et, pour agir, doit beaucoup plus écouter les inspirations de son cœur et de son âme, que celles de son esprit et de sa pensée.

Se figure-t-on une jeune mère près du berceau de son enfant, à l'âge où l'amour du plaisir et des divertissements la sollicite encore, raisonnant l'utilité ou les résultats de sa présence près du berceau de cet enfant et se disant : « Qui sait ce que cet enfant deviendra plus tard ? Je me prive de tout pour lui, même de sommeil. Le bal que j'aime tant, je l'ai oublié. Cette nuit même je pourrais y aller. Toutes mes anciennes amies y vont.... Elles y brilleront sans moi et à mes dépens : car moi autrefois j'y étais la reine.... Et pour qui est-ce que je m'impose de telles privations, pour un enfant qui ne sera peut-être qu'un petit vaurien, qui me créera dans l'avenir mille tourments, un petit ingrat qui ne se souviendra jamais de ce que j'aurai fait pour lui, ne m'en saura aucun gré, et me rendra malheureuse.... »

Pensez-vous que la femme, la jeune mère, qui se ferait tous ces raisonnements près du berceau de son enfant, une nuit de bal ou de tout autre plaisir, y demeurerait, et ne céderait pas à l'attrait de ce plaisir, au risque de ce qui pourrait en arriver.

Mais la nature en donnant à cette mère la mission de veiller sur son enfant et la nuit et le jour, et en développant spécialement en elle le sentiment qui l'attache à cet enfant, l'a faite propre à écouter avant tout ce sentiment et non à en raisonner les conséquences. Aussi reste-t-elle là près de lui, uniquement à empêcher qu'il ne lui arrive aucun mal, et sourde à tout autre attrait d'un plaisir personnel quelconque.

Et ainsi est atteint le but de la Nature qui veut avant tout que le faible ne soit jamais abandonné.

Un autre exemple :

Le mari d'une femme du peuple est malade. Ce mari est un mauvais chenapan, un ivrogne, qui, le plus souvent, consomme au cabaret la meilleure partie de l'argent qu'il reçoit de son travail et même celui qu'il peut ravir du travail de sa femme, et qui, lorsqu'il est ivre, ou que sa femme ne peut pas lui donner un argent qu'elle n'a pas ou qu'elle est obligée de garder pour ses enfants, va jusqu'à la frapper.

Ce devrait être un bonheur pour cette femme, si elle raisonnait, de voir son misérable et méchant époux alité et mis, au moins pour le moment par la maladie, hors d'état de nuire.

Mais la Nature, en créant la femme comme protectrice du faible, n'a pas voulu, comme nous l'avons dit, qu'elle raisonnât : elle a voulu seulement qu'elle sentît ; et devant ce sentiment que lui inspire toute faiblesse, cet homme alité et souffrant n'est plus pour elle le malheureux, cause de tous ses chagrins et de tous ses tourments, que, lorsqu'il était en santé elle a mille fois maudit, et à qui elle a souhaité peut-être bien plus de mal que la maladie ne lui en a apporté. Non, ce n'est plus qu'un être faible qui a besoin d'aide et à qui elle doit ses soins.

Et, sous l'inspiration de ce sentiment, elle se tient calme, douce, bienveillante près du lit de cet époux malade, le veillant avec la même sollicitude que si pour elle c'était un enfant, et l'entourant des mêmes soins que si, en santé, il était l'être le plus méritant.

Il est donc bon que la femme sente et ne raisonne pas.

Voilà pourquoi la plupart des femmes ont la troisième phalange (phalange onglée) du pouce, plus courte que la seconde. Et les femmes qui auraient cette troisième phalange plus longue que la seconde ne sont pas vraiment femmes : car chez elles le raisonnement l'emporte sur le sentiment, ce qui ne doit être que l'attribut de l'homme et encore seulement de l'homme né pour la pensée ou pour le commandement, telles sont seulement les organisations saturniennes ou bilieuses, jupitériennes ou bilioso-sanguines, et mercuriennes ou bilioso-nerveuses, en y joignant l'organisation solaire ou harmonique chez qui les deux phalanges du pouce (la deuxième et la troisième) sont d'égale longueur toutes les deux, ce qui signifie équilibre entre la raison et le sentiment, ce que cette organisation seule possède. Car dans les trois organisations précédentes la raison domine toujours le sentiment, ce qui constitue l'homme vraiment homme, et se reconnaît à une troisième phalange du pouce plus longue que la deuxième.

Quant aux deux organisations qui par leur nature doivent rester subalternes (la musculaire et la lymphatique), elles ont toutes deux la troisième phalange (phalange onglée) du pouce plus courte que la deuxième.

Aussi sont-elles plus impressionnables au sentiment qu'à la raison, et pour se soumettre à quelqu'un, pour lui obéir, l'accepter pour conducteur et pour guide, il faut avant tout qu'elles l'aiment, qu'elles y soient attachées par le cœur et par l'instinct.

Il ne leur suffit pas de savoir et de comprendre que ce quelqu'un peut et veut lui être utile.

Tous les raisonnements ne feront pas chez les masses un seul partisan à l'homme le mieux intentionné, le plus dévoué à leur bien-être; tandis que celles-ci suivront avec enthousiasme, avec engouement, le chef le moins soucieux de ce qui les touche, et qui même ne veut que s'en faire des instruments, dût-il même en faire une « chair à canon » : des victimes conduites à la boucherie.

Ceci indique le pouvoir moral, le prestige magnétique qu'ont exercé sur certaines armées et sur certains peuples quelques grands capitaines, quelques souverains, certainement très-peu soucieux au fond du bonheur et du bien-être de leurs subordonnés, et en général, ne cherchant guère que leur propre bonheur et leur bien-être, ou leur gloire personnelle.

Ceci explique encore pourquoi ces mêmes masses aimeront mieux toujours un chef qui les maintiendra soumises avec une verge de fer, que celui qui voudrait les rendre heureuses en leur laissant une liberté d'allures et d'action dont elles ne sauront que faire, faute d'avoir les capacités d'une initiative personnelle, liberté qui, à la longue, ne pourra que leur devenir ruineuse et funeste.

Règle générale, toute personne chez qui la phalange onglée du pouce est beaucoup plus courte que la deuxième phalange du même doigt, est naturellement constituée subalterne par son organisation même et, comme telle, elle est plus impressionnable par le sentiment que par la raison; et pour la dominer il faut avant tout savoir à la fois s'en faire craindre et aimer.

Ceci explique aussi aux parents de quelle manière ils doivent agir à l'égard de leurs enfants au point de vue de leur éducation et de la direction de leur caractère.

S'ils voient à ces enfants la phalange onglée du pouce très-longue, ils auront à les conduire surtout par le raisonnement; si au contraire, ils leur voient cette phalange courte, ils auront à leur serrer la bride, tout en leur commandant avec bienveillance et douceur, mais aussi ils devront être fermes et ne jamais revenir sur ce qu'ils auront commandé, ni souffrir que ce qu'ils auront voulu ne soit pas fait.

Du reste nous devons dire que la Nature, qui, ainsi que nous l'avons vu, ne se contredit pas, a donné presque toujours un pouce court, c'est-à-dire, peu de volonté, à celui à qui elle donnait la phalange onglée du pouce, courte, signifiant ainsi qu'elle le faisait plutôt pour le sentiment que pour la raison, et qu'elle le créait subalterne, destiné à vivre sous la direction d'autrui; de sorte que, un peu de bienveillance et beaucoup de fermeté suffisent toujours très-bien à conduire ces sortes d'organisation et à les tenir dociles, soumises et même affectionnées, d'autant plus affectionnées même, qu'on les aura tenues plus rigoureusement *soumises*.

CHAPITRE IV

LES DIVERSES FORMES DE DOIGTS ET LEURS SIGNIFICATIONS. — DOIGTS GROS, DOIGTS MINCES; DOIGTS GRAS, DOIGTS MAIGRES; DOIGTS LISSES, DOIGTS NOUEUX; DOIGTS POINTUS, DOIGTS CARRÉS, DOIGTS ÉVASÉS, DOIGTS ARRONDIS, DOIGTS OBTUS, ETC.

Dans l'indication donnée ci-dessus, au chapitre troisième de la première partie de ce livre, des divers types d'organisations et de caractères, ainsi que des formes de mains correspondant à ces caractères, nous avons indiqué, pour chaque forme de mains, des doigts de formes différentes: gros, minces, pointus, carrés, etc.

Disons en quelques mots ce que signifie chacune de ces diverses formes.

I

DOIGTS GROS, DOIGTS MINCES.

Les doigts *gros* signifient toujours une organisation massive, destinée à de gros ouvrages; ils indiquent de plus une intelligence lourde et des goûts grossiers et communs. — Au contraire, les doigts minces mais sans maigreur désignent une intelligence fine et subtile, et très-souvent dissimulée et peu franche.

II

DOIGTS GRAS, DOIGTS MAIGRES.

Les doigts gras, principalement à leur première phalange (près de la main), indiquent le goût des voluptés et du bien-être, et aussi de la paresse, s'ils sont gras partout.

Au contraire, les doigts maigres à la première phalange

indiquent une insouciance du bien-être et du confortable.

Mais maigres partout et secs, ils dénotent un esprit sérieux et chercheur, ayant des goûts simples, souvent accompagnés de parcimonie et d'avarice.

III

DOIGTS LISSES, DOIGTS NOUEUX.

Dans les différentes formes de doigts que nous avons indiquées déjà, et dans celles que nous indiquerons encore, il se peut que les doigts ayant l'une ou l'autre de ces formes, soient en plus ou *lisses* ou *noueux*.

S'ils sont lisses cela signifiera une facilité de conception et d'action dans la spécialité de la puissance et de la fonction attachée à ce doigt, et plus spécialement pour les fonctions d'art.

Si, au contraire, les doigts sont noueux, la conception sera lente et difficile, demandera beaucoup de travail, d'application et de calculs, toujours suivant la spécialité de signification du doigt.

Les doigts et la main sont lisses plus spécialement aux organisations nerveuses, sanguines, lymphatiques, et cet état lisse des doigts est la marque que le fluide y circule avec plus de facilité et sans efforts, ce qui explique la facilité de conception que signifient ces doigts; car il ne faut pas perdre de vue que les doigts et toute la main ne sont, ainsi que nous l'avons dit, que la représentation du cerveau, et que si les fluides circulent plus facilement dans les doigts, c'est qu'ils circulent aussi plus facilement d'abord dans le cerveau.

Les gens à doigts lisses auront donc conséquemment la conception plus prompte, ou plutôt les gens à conception prompte auront donc nécessairement les doigts lisses.

Par le même principe chez les personnes à conception lente (soit que dans leur organisation domine la bile qui est un fluide froid et lent, soit que cette organisation soit établie de telle sorte qu'elle exclue presque toute circulation nerveuse, comme dans les organisations musculaires) la main sera nécessairement rude et rugueuse et les doigts noueux, indice de la difficulté que le fluide ayant à circuler dans le cerveau, devra nécessairement avoir à circuler dans la main, et aussi dans les doigts.

La conséquence de ceci, c'est que les études légères, agréables, gracieuses et artistiques, et les travaux délicats seront plus faciles aux personnes à doigts lisses.

Au contraire, les études graves, sérieuses, profondes, qui demandent des recherches et des calculs, de même que les rudes travaux qui demandent des forces ou de la patience, seront plus à la portée des mains rugueuses et des doigts noueux.

IV

Les formes de doigts dont nous venons de parler, doigts gros ou minces, gras ou maigres, lisses ou noueux, lorsqu'elles se rencontrent dans une main, y existent à peu près à tous les doigts.

Il n'en est pas de même des autres formes de doigts, que nous avons encore à expliquer. Chacune de ces formes peut exister dans une main à tel doigt et ne pas exister à tel autre, ce qui va nous obliger à expliquer la signification de chacune de ces formes suivant le doigt auquel cette forme se rencontre.

LES DOIGTS POINTUS.

Les doigts pointus, aspirant ou émettant plus facilement le fluide que les doigts ronds ou carrés, doivent nécessairement indiquer la facilité d'une conception prompte et rapide de l'idée, et aussi une détermination non moins prompte et non moins rapide à son exécution, toujours dans la spécialité de l'objet, de la qualité ou de la fonction à laquelle se rapporte le doigt.

Le *pouce pointu* (forme assez rare) indique une rapide décision de la volonté.

L'*index* ou doigt de Jupiter, *pointu* signifie: soit commandement prompt, soit bonnes et rapides intuitions de ce qui est commode et confortable.

Le *doigt du milieu* ou de Saturne, *pointu* (rare aussi) indique : rapide intuition des hautes études, résolution facile des grands problèmes de la métaphysique et des sciences morales, et en quelque sorte, inspiration divine au sujet de toutes ces sciences.

Le doit *annulaire* ou doigt du soleil, *pointu* signifie : heureuses et rapides dispositions et inspirations dans les choses de goût et d'art.

Enfin le *petit doigt* ou doigt de Mercure, *pointu* (ce qui est sa forme la plus ordinaire, excepté dans la main du type sanguin-musculaire, — main martiale ou de violence) signifie : idées rapides sur les choses d'industrie, d'adresse ou de ruse, plus spécialement appliquées au goût dominant suivant le caractère de la personne et son tempérament.

V

LES DOIGTS CARRÉS.

Les doigts carrés indiquent, au contraire, des déterminations positives et raisonnées.

Le pouce *carré* dénote une volonté raisonnée que rien ne pourra faire changer.

L'*index carré*, un commandement absolu, un esclavage fanatique de la règle, des conventions sociales, et de tout ce qui tient à l'ordre extérieur ;

L'homme à l'index carré, est très-bien représenté par le bourgeois de notre époque, tel que l'a peint le docteur Véron, dans son ouvrage un bourgeois de Paris, et dont Henri Monnier nous a donné un type immortel dans son personnage de monsieur Prud'homme.

Le *doigt du milieu* ou doigt de Saturne, *carré* signifie : rigorisme dans les sujets relatifs à la croyance religieuse, à la morale, à la domination des principes en toutes choses; intolérance de tout ce qui est liberté, indépendance d'idées, de doctrine et de conduite.

Le doigt *annulaire carré* signifie : rigorisme dans l'art, et peu d'inspiration pour son exécution.

Le doigt annulaire carré donnera un bon copiste d'écriture, de dessins ou de tableaux; mais, dans les tableaux, il n'aura pas le sentiment de la couleur, du mouvement, de l'action, des poses animées; il ne pourra guère travailler qu'à l'aide de la règle, de l'équerre et du compas.

Il lui sera difficile de rien composer et imaginer par lui-même.

A la rigueur le doigt annulaire carré pourra donner un bon géomètre et un bon architecte, mais il ne donnera en aucune façon un artiste.

Le *petit doigt* ou doigt de Mercure, *carré* (forme assez rare) signifiera : maladresse, difficulté de comprendre et de se mouvoir dans les choses qui demandent de la subtilité et de la promptitude d'intelligence et d'esprit.

Aux gens dont le petit doigt est ainsi disposé, il faudra toujours bien mettre les points sur les i pour leur faire comprendre quelque chose, leur faire saisir des rapports tant soit peu détournés et indirects d'une comparaison, d'une idée avec une autre, etc., etc.

Parler à ces gens-là à mots couverts c'est à peu près comme si l'on parlait à des sourds.

Et de plus si de telles gens se trouvent dans de mauvais pas, dans quelque position un peu difficile, aucune idée ne leur viendra sur les moyens d'en sortir.

Ce ne sont pas eux qui, dans un cas de danger, d'incendie par exemple, trouvant fermée la porte de la maison où ils se trouvent, essaieront de quitter cette maison par la fenêtre et encore moins par le toit ou par tout autre endroit inusité : ils ne comprendraient pas que pour sortir d'une maison ou y entrer on puisse le faire autrement que par la porte, et par la porte bien ouverte.

Par le bout des doigts carrés la puissance d'un doigt se renferme toute à l'intérieur de ce doigt, à peu près comme la puissance de mouvement de la queue d'un chat dont on pincerait fortement l'extrémité.

Le fluide ne pouvant pas sortir, ce mouvement se trouve paralysé.

De même pour les doigts et pour leur puissance spéciale.

VI

LES DOIGTS ÉVASÉS OU *spatulés.*

Chez beaucoup de personnes, les doigts ou quelques-uns de leurs doigts exagèrent la forme carrée, de manière à s'élargir et s'évaser par le bout, presque en éventail ou en forme de pelle.

Cette forme de doigts se nomme *évasée.* M. d'Arpentigny, qui, le premier, a expliqué et classé la forme extérieure des doigts, sous le nom de *chirognomonie* qui signifie : connaissance de la main, donne à cette dernière forme le nom de *spatulée,* à cause de sa ressemblance avec la spatule, petite cuillère plate dont se servent les pharmaciens pour mêler les ingrédients de leurs préparations.

Ce qui élargit ainsi le doigt à son extrémité, c'est l'abondance du fluide que contient ce doigt (abondance qui n'existe pas toujours quand le doigt a la forme carrée).

Cette abondance fait que le fluide ainsi accumulé tend à sortir du doigt et en pousse l'extrémité de tous les côtés possibles.

De là, la forme évasée que prend le doigt à son extrémité.

La conséquence de ceci, c'est que le fluide cherchant à sortir de toutes les manières, pousse et sollicite constamment à agir dans la spécialité signifiée par ce doigt la personne qui le possède.

Ainsi d'après cette doctrine les doigts spatulés ne peuvent indiquer qu'un grand besoin d'action et de mouvement et un caractère remuant qui ne peut pas rester en place.

Le *pouce spatulé* est une volonté qui a besoin de se réaliser au plus vite.

L'*index spatulé* signifie besoin de commander.

Le *doigt du milieu spatulé* indique le goût de l'agriculture, de la bâtisse, du travail des mines et de la recherche des trésors cachés. Il dénote un besoin d'activité dans ces genres de travaux et aussi dans les études profondes.

L'*annulaire spatulé* indique : puissance d'art appliquée

aux choses en mouvement. L'annulaire spatulé donnera un grand peintre ou un historien de batailles; un compositeur de marches et de musiques militaires, etc., etc.

Enfin le *petit doigt spatulé* désigne des dispositions pour la mécanique, pour l'intelligence et la création de mouvements de machines, etc.

VII

LES DOIGTS ARRONDIS OU *mixtes.*

Outre les formes principales de doigts ci-dessus expliquées, il existe des doigts qui ne sont précisément ni pointus, ni carrés, mais qui sont simplement *arrondis* par le bout.

Cette forme de doigts est appelée *mixte.* Elle résulte toujours d'une organisation mixte aussi, c'est-à-dire formée du mélange de plusieurs organisations réunies.

Les doigts arrondis ou mixtes indiquent des natures qui peuvent être propres à tout, ou à beaucoup de choses, suivant la spécialité des doigts qui ont cette forme, mais qui ne seront guère, dans ces spécialités, ni supérieures ni les premières.

Les personnes aux doigts arrondis formeront des aides très-intelligents, suivant la spécialité de leurs doigts qui seront arrondis, mais dans ce cas même, ils n'auront de vrais succès que sous la direction d'autrui, et seulement avec des maîtres tout à fait supérieurs.

LES DOIGTS OBTUS.

Les doigts obtus, c'est-à-dire épais et massifs, et à peu près de même grosseur à leur extrémité qu'à leur origine, tels que les présente notre type de la main martiale ou musculaire (voir la main-modèle n° 3, page 34) indiquent une organisation où domine l'impulsion de la matière grossière et brutale, et qui sera presque toujours plutôt soumise à ses instincts qu'à son intelligence, ce que signifie aussi la troisième phalange (phalange onglée) du pouce, courte, telle qu'elle existe à ce type, et qui même souvent y prend une forme qui ne se rencontre que dans ce type, le pouce s'élargissant et s'arrondissant à son extrémité en forme de bille.

(Voir le pouce du modèle de main n° 3 ou main *martiale*, page 34.)

De tels doigts sont rarement capables de rien d'adroit ni de délicat.

Le maniement d'outils lourds et grossiers, tels que les pioches, les bêches et autres instruments aratoires, des travaux de terrassement ou de construction et autres semblables, voilà à peu près quel pourra être leur apanage, et encore presque toujours sous la direction d'autrui. Car, nous l'avons dit, de telles natures, laissées à elles-mêmes, ont bien peu d'initiative, et ou elles restent dans l'oisiveté et croupissent dans la misère, ou, si elles ont quelques ressources matérielles, quelque argent, elles le dépensent à s'abrutir dans les boissons alcooliques et énivrantes.

De telles organisations peuvent même devenir dangereuses et destructrices pour peu qu'elles soient poussées par des besoins excessifs, ou payées et dirigées par des personnages ambitieux, méchants ou cupides, qui veuillent en faire les instruments de leurs passions mauvaises.

J'ai déjà dit combien ces organisations étaient facilement dominées, et combien leur volonté faible savait peu résister aux sollicitations d'une volonté plus énergique et aux impressions de l'exemple.

Pour de telles gens, l'habitude du travail, et une forte éducation morale, basée sur une pratique constante et aidée d'une surveillance qui ne s'endort point, peuvent seules les maintenir dans le bien, les empêcher de tomber dans le désordre, et prévenir pour eux et pour leurs semblables tous les désastres qui en seraient la conséquence.

TROISIÈME PARTIE

LES SIGNES DE L'INTÉRIEUR DE LA MAIN.

CHAPITRE PREMIER

LES BOSSES OU SAILLIES.

I

Les *bosses* ou *saillies* de la main et celles des doigts nous sont déjà connues.

Celles des doigts, c'est-à-dire les saillies placées à la racine de chacun de ces doigts, ont la même signification que le doigt lui-même, du moins pour les quatre doigts supérieurs.

Quant à la saillie de la racine du pouce, nous avons vu aussi sa signification, et le tableau qui termine ce paragraphe la donnera de nouveau.

Nous allons répéter la signification attribuée à chaque doigt de la main ainsi qu'à la saillie qui en dépend, et, comme précédemment, nous allons présenter cette indication en forme de tableau à la page suivante.

Nous ferons pourtant observer que la saillie placée à la racine d'un doigt a plus de signification que le doigt lui-même.

Car c'est là en quelque sorte la source d'où le doigt tire et puise sa vertu, sa force et ses propriétés, absolument comme la vertu et les propriétés d'une plante tirent de la racine de cette plante leur origine et leur puissance.

La conséquence de ce principe est que si la racine est

forte, grosse et bien développée, la plante sera elle-même forte et vigoureuse; mais si au contraire la racine est faible, menue et sans vigueur, la plante et ses propriétés seront pour ainsi dire nulles et sans valeur.

Il en est de même du doigt et de sa signification.

Si la bosse ou saillie placée à la racine d'un doigt est haute, large et forte, la qualité signifiée par le doigt sera également forte et puissante; si, au contraire, cette bosse ou saillie du doigt est basse, peu étendue et comme molle, ce sera un pronostic que la qualité signifiée par le doigt existe très-peu dans l'organisation de la personne dont la main est étudiée.

La même qualité signifiée par le doigt n'existerait pas du tout, et même ce serait une preuve de l'existence de la qualité contraire, si par hasard au lieu de la saillie, il y avait à la même place une dépression, un aplatissement et surtout un creux. C'est d'après ce principe que nous allons, dans le tableau suivant, indiquer les significations de chaque bosse ou saillie de la racine des doigts, comme nous ferons aussi pour les significations des autres saillies de la main.

II

Quant aux autres bosses ou saillies de la main en dehors de celles de la racine des doigts, nous en connaissons aussi la signification. Ces saillies ne sont qu'au nombre de deux : celle du milieu du tranchant de la main nommée par les chiromanciens *Mont de Mars*, parce que cette bosse ou saillie ne se trouve dans un fort développement qu'aux mains de l'organisation que nous avons appelée *martiale* ou violente, telle que la donne un tempérament *musculaire;* puis celle du bas du tranchant de la main, vers la jointure du bras, saillie qui a reçu le nom de *Mont de la Lune*, parce que c'est surtout aux mains des organisations *lunaires* ou lymphatiques que cette saillie se montre le plus développée.

De même que pour les saillies des doigts, nous allons présenter en regard dans un nouveau tableau les significations diverses de ces deux saillies, suivant qu'elles sont hautes, basses, plates ou enfoncées.

TABLEAU ***présentant en regard le nom de chaque doigt, celui de la saillie qui y correspond et la signification de cette saillie, suivant qu'elle est haute, basse ou nulle, c'est-à-dire déprimée.***

Doigt INDEX ou doigt de Jupiter....... Signif. Puissance et goût du commandement.	Saillie **MONT DE JUPITER.** *Haute.* — Caractère enclin à commander, dominateur. *Basse.* — Caractère peu dominateur. *Nulle* ou *déprimée.* — Caractère servile, sans dignité et sans amour-propre.
Doigt du MILIEU ou de Saturne...... Signif. Puissance et goût pour les sciences et les hautes études.	Saillie **MONT DE SATURNE.** *Haute.* — Caractère sérieux, grave et penseur. *Basse.* — Caractère peu sérieux et peu capable d'application. *Nulle* ou *déprimée.* — Caractère léger, incapable d'application et d'études un peu sérieuses.
Doigt ANNULAIRE ou doigt du Soleil.... Signif. Goût, puissance et talent pour les arts.	Saillie **MONT DU SOLEIL.** *Haute.* — Caractère artiste, enthousiaste du beau et en comprenant les lois. *Basse.* — Caractère peu artiste et peu organisé pour comprendre le beau artistique et ses harmonies. *Nulle* ou *déprimée.* — Caractère ennemi des arts, grossier et sans intelligence de ce qui est beau et bien, ni d'aucune harmonie.
Doigt PETIT DOIGT ou doigt de Mercure. Signif. Finesse d'esprit et adresse des doigts et de la main.	Saillie **MONT DE MERCURE.** *Haute* dans la main — Esprit fin, adroit et rusé. sur le côté. — Main agile et adroite. *Basse* dans la main. — Esprit peu fin et peu adroit. sur le côté de la main. — Peu adroit de ses mains. *Nulle* ou *déprimée* dans la main. — Esprit bouché, stupide ou d'une naïveté bête. sur le côté. — Très-maladroit de ses mains.
Doigt POUCE ou doigt de la volonté .... Signif. Energie vitale................	Saillie de la racine **MONT DE VÉNUS.** *Haute* et *large.* — Energie physique et morale, puissance d'amour. *Basse.* — Peu d'énergie physique et morale, peu de puissance d'amour. *Nulle* ou *plate* et *molle.* — Energie nulle, impuis nce 'amour.

Autre **TABLEAU** *présentant en regard les noms des deux saillies du tranchant de la main et leurs significations diverses suivant que ces saillies sont hautes, basses, ou plates et enfoncées.*

Noms des Saillies.	
MONT DE MARS, saillie du milieu du tranchant de la main. Signif. Disposition à la colère et à l'emportement.	*Haute.* — Caractère violent, emporté et brutal. *Basse.* — Caractère peu violent, pacifique ou facile à apaiser. *Plate* ou *enfoncée.* — Caractère lâche, mou, sans courage et sans résistance.
MONT DE LA LUNE, saillie du bas du tranchant de la main. Signif. Grande imagination, puissance d'invention et de découverte, disposition à l'espoir et à l'enthousiasme.	*Haute, unie* et *ferme.* — Caractère chaud, enthousiaste, imagination puissante, inventive. *Haute, rayée* et *molle.* — Imagination déréglée, mobile et incertaine. *Basse.* — Peu d'imagination, peu d'invention, pour des recherches et des découvertes. *Aplatie* ou *nulle.* — Caractère froid, sans enthousiasme, ne comprenant que le réel et le positif, ne pouvant avoir aucune illusion ni en laisser aux autres. Caractère dur aux faibles et rigoureux pour qui ne réussit pas, Esprit porté au désespoir.

CHAPITRE II

LES LIGNES DE LA MAIN.

1° *Les lignes de la lettre* M.

Dans toutes les mains il y a des lignes, mais l'on verra par la suite de ce livre, que les mêmes lignes diffèrent de longueur, de profondeur, même de couleur, de netteté, etc., et même de position, suivant le type d'organisation auquel la main appartient. — Disons maintenant un mot des principales lignes que l'on peut rencontrer dans toutes les mains.

De ces lignes il y en a trois qui se rencontrent à peu près dans toutes les mains et chez tous les types.

Ce sont les lignes qui à elles trois y représentent la configuration de la lettre M majuscule de l'écriture anglaise.

Chacune de ces trois lignes a une signification différente que nous allons étudier.

I

LA LIGNE DE CŒUR.

De ces lignes la première, est celle qui, la main étendue et dressée, les doigts en haut, court horizontalement audessous des racines des quatre doigts supérieurs.

Dans la main gauche elle forme le dernier jambage de la lettre M et dans la main droite elle en est le premier.

Cette ligne a été primitivement appelée *la ligne de l'âme* ou du sentiment.

Les anciens lui avaient donné le nom de *mensale*, du mot *mens* qui signifie âme ou esprit; d'autres ont dit que c'était du mot *mensa* qui signifie table, parce que la place où elle est dans la main, est appelée la table de la main.

Aujourd'hui on nomme vulgairement la ligne dont nous parlons, *ligne de cœur*, et nous lui conserverons ce dernier nom.

On étudie dans la main la *ligne de cœur*, pour connaître, d'après sa longueur, sa profondeur, sa netteté, etc., le degré d'affection et de dévouement désintéressé de cœur dont une personne est capable.

Cela, parce que l'on a remarqué que cette ligne de cœur était longue, belle, nette et pure dans le type sentimental ou *vénusien*, type de caractère essentiellement affectueux et dévoué.

D'après ce principe cette ligne de cœur sera longue aussi, quoique un peu pâle, au type lymphatique ou *lunaire*, type aimant mais dont l'affection, quoique sincère, est plutôt passive qu'active, et ne va pas jusqu'à une forte lutte contre les difficultés, et encore moins contre le besoin de changement qui est la nature de ce type, et après lequel cette affection peut même continuer à subsister.

La même ligne de cœur sera *moyenne* au type harmonique ou *solaire* qui, quoique généreux et dévoué, a besoin d'un certain idéal dans ses affections, lesquelles ne peuvent se développer fortement ni subsister longtemps dans un milieu grossier et vulgaire.

La même ligne de cœur sera moyenne encore au type bilieux-sanguin ou *jupitérien*, type plutôt sensuel qu'aimant, et malgré cela capable de tout dévouement qui ne porte pas atteinte à son bien-être et à ses aises.

Elle sera moyenne aussi et presque courte au type bilieux-nerveux ou *mercurien*, type trop occupé de ses calculs de tête et d'intrigue, pour qu'il puisse se laisser dominer par un attachement sérieux.

Enfin la ligne de cœur sera *courte* au type bilieux ou *saturnien*, type *froid* portant trop haut ses pensées, pour les laisser s'absorber dans aucun attachement terrestre.

Mais la même ligne de cœur sera *très-courte*, presque nulle, et souvent absente, au type sanguin-musculaire ou *martial*, type qui rarement cherche quelque chose par le cœur, mais qui veut tout par la violence.

II

LA LIGNE DE TÊTE OU DES CALCULS.

La *ligne de tête* ou des calculs d'intérêt est celle qui, dans les deux mains, forme le second jambage de la lettre M.

Elle traverse d'ordinaire la main un peu au-dessous de la ligne de cœur en commençant à peu près sous le doigt index à moitié de la distance entre la naissance de ce doigt et celle du pouce en haut de sa racine, et se dirigeant parallèlement à la ligne de cœur, mais, soit droit vers la saillie du milieu du tranchant ou Mont de Mars, soit en descendant plus ou moins vers celle du bas du tranchant ou Mont de la Lune.

Par la longueur, la profondeur, la netteté de tracé et la rectitude de direction de la ligne de tête, on reconnaît le plus ou moins d'aptitude et de penchant qu'a une personne à songer à elle-même et à ce qui touche à ses intérêts matériels et positifs.

En conséquence *la ligne de tête sera longue* aux mains de tous les types doués soit d'une grande intelligence (tels que sont le type bilieux ou *saturnien* et le type nerveux-bilieux, ou *mercurien*), soit d'appétits et d'aptitudes spéciales pour la réalisation de son bien-être matériel et positif, tel que le type bilieux-sanguin ou *jupitérien.*

La même ligne de tête sera longue aussi quoique descendant un peu vers le bas du tranchant de la main ou Mont de la Lune, au type harmonique ou solaire, chez qui l'intelligence quoique très-grande est bien plus idéale que positive.

Elle sera longue aussi, mais descendant tout à fait vers le bas du tranchant de la main ou Mont de la Lune, au type lymphatique ou *lunaire*, chez qui la tête et l'intelligence des choses positives seront toujours entraînées et dominées par les mirages de l'imagination, laquelle, dans ce type, règne en souveraine.

De plus ce type, outre qu'il n'a qu'une intelligence subalterne et privée le plus souvent d'initiative, est généralement trop mou et trop peu actif pour pouvoir poursuivre la réalisation des intérêts positifs de son bien-être matériel, sur lequel du reste il est très-insouciant, trouvant son enthousiasme et son bonheur dans l'immense variété de mirages féeriques et de rêves que lui présente son imagination, et dans les émotions des nombreux changements dont sa vie est accidentée.

La même ligne de tête sera *courte* soit au type sentimental ou *vénusien*, type toujours dominé par le cœur et peu capable de calculer en rien ses intérêts positifs ; soit au type sanguin-musculaire, type toujours dominé par l'impétuosité de son sang et de ses muscles, et qui, dans ses emportements et sa violence, jamais ne raisonne ni ne calcule rien.

III

LA LIGNE DU SANG OU DE LA VIE.

C'est celle qui commence entre le haut de la racine du pouce et le doigt index, et enferme dans son contour toute la racine du pouce, en descendant plus ou moins jusqu'au bas de cette racine. La ligne de vie forme dans la main gauche le commencement ou premier jambage de la lettre M et, dans la main droite, le dernier.

Par la netteté, la profondeur, la longueur, etc., de la ligne de vie on reconnaît soit le degré de vigueur de la constitution physique d'une personne, soit le plus ou moins de probabilité que sa vie sera longue ou courte.

De même suivant les chiromanciens, par les lignes plus ou moins dures, plus ou moins profondes, qui traverseraient ou même couperaient la ligne de vie, on pourrait prévoir ou prédire les maladies ou les accidents, plus ou moins graves, qui à diverses époques pourraient atteindre la santé ou même mettre la vie en danger.

Les mêmes renseignements sur la durée probable de la vie sont encore indiqués, suivant les chiromanciens, par les lignes de la pliure du poignet, à la naissance du bras, lignes qu'ils appellent de la *rascette*. Chaque ligne bien dessinée à cet endroit indique 30 ans de vie.

La ligne de vie est ordinairement *très-longue*, quoique

un peu pâle et même jaunâtre, aux mains du type bilieux ou *saturnien*, type le plus ordinairement de vie longue et calme.

Quoique moins longue qu'au type bilieux, la ligne de vie est *longue* aussi aux mains du type bilieux-sanguin ou jupitérien, mais elle y est beaucoup plus vive et presque de couleur rouge, parce que, dans ce type, le sang et la vie y sont beaucoup plus vifs et plus animés.

La même ligne de vie est *moyenne* et quelquefois de couleur légèrement bleuâtre aux mains du type sentimental ou vénusien, type plutôt passif qu'actif, ce qui distingue ce type d'avec le type bilieux-sanguin ou jupitérien, avec lequel sous le rapport de la constitution et de la vivacité du sang, il a beaucoup de ressemblance.

La ligne de vie est *moyenne* encore aux mains du type harmonique ou *solaire*. Mais elle y est peu profonde et un peu pâle quoique nette et bien dessinée, ce type tirant son activité beaucoup plus de l'harmonie et de l'équilibre de sa constitution, que de la prédominance, ni du sang, ni des nerfs, ni d'aucune humeur.

La ligne de vie est *moyenne* encore, mais fine et très-nette, et d'une couleur légèrement sombre et verdâtre aux mains du type bilieux-nerveux ou mercurien, chez qui domine surtout l'activité et l'agilité des nerfs cérébraux et la finesse de leurs perceptions, finesse qui ne pourrait pas exister avec un gros sang, tel que le comporte le tempérament sanguin.

Enfin la même ligne de vie est *courte*, *très-courte* même, souvent aussi coupée et interrompue, mais toujours très-grosse et d'un rouge violent ou sang-de-bœuf aux mains du type sanguin-musculaire ou *martial*. ce qui indique à la fois l'impétuosité sanguine et musculaire de ce type, et en même temps fait prévoir que son caractère batailleur lui attirera plus d'un horion qui mettra bien souvent sa vie en danger, s'il ne la lui fait pas enlever avant le temps.

CHAPITRE III

LES LIGNES DE LA MAIN (*suite*).

2° *Lignes autres que celles de la lettre* M.

Les lignes principales autres que celles de la lettre M sont :

I

LA LIGNE DE CHANCE ou saturnienne.

La ligne de chance, dans les mains où elle se trouve (car elle n'est pas dans toutes les mains) est une ligne qui, partie plus ou moins du bas de la main, vers la rascette monte plus ou moins directement dans le sens du doigt du milieu ou doigt de Saturne, ce qui a fait donner à cette ligne aussi le nom de *saturnienne*.

Par l'inspection de cette ligne, de son point de départ, de l'endroit où elle aboutit, et aussi de sa netteté, de sa longueur, de sa profondeur, etc., on connaît suivant les chiromanciens le plus ou moins de fortune ou de succès que l'on peut attendre du hasard ou des choses qui arrivent avec le temps, soit sans le concours de notre volonté ou de notre action (si la ligne n'est pas dans la main gauche), soit aussi pour nos tentatives et nos entreprises si la ligne est dans la main droite (1). (Voir ci-après au chapitre cinquième, page 99, ce qui concerne cette ligne dans ses rapports avec les autres parties de la main.)

(1) Cette distinction entre la main droite (main active) et la main gauche (main passive) est des plus importantes et en quelque sorte capitale à établir pour la véritable intelligence des mains, des doigts et des signes, bosses, saillies, lignes, etc., qui s'y rencontrent. — Nous y reviendrons plus loin (voyez page 112 et suiv.).

II

LA LIGNE HÉPATIQUE, ligne du foie (et de la santé).

La ligne *hépatique*, mot qui signifie ligne du foie, est aussi appelée ligne de la santé. Cette ligne, dans les mains où elle se trouve (car elle manque dans un grand nombre de mains) commence ordinairement au bas de la racine du pouce, vers la ligne de vie, et montant un peu obliquement dans la main va rejoindre, plus ou moins près, le bas de la ligne de tête vers le milieu du tranchant de la main.

Par l'inspection de cette ligne, quand elle existe dans une main, et suivant sa netteté, sa grosseur et sa profondeur et aussi sa couleur rouge ou pâle, on peut, soit juger de la force de la constitution cérébrale d'une personne de manière à reconnaître si elle est propre à des travaux de tête et de calcul; soit reconnaître son état actuel de santé au point de vue de la possibilité des mêmes travaux.

III

Les lignes de passion : VOIE LACTÉE, ANNEAU DE VÉNUS

La ligne appelée *voie lactée* ou voie de passion dans les mains où elle se trouve, part plus ou moins du bas de la racine du pouce ou de la ligne de vie et se rend en montant obliquement plus ou moins près de la racine du petit doigt.

Les chiromanciens voient dans cette ligne, qui souvent est formée de plusieurs petites lignes parallèles, ce qui l'a fait nommer *voix lactée*, l'indice d'un caractère passionné et d'une sensualité grossière ou recherchée.

Ils voient le même indice, quoique d'une passion plus naturelle et moins brutale, dans une autre ligne courbée en demi-cercle et qui, dans les mains où elle existe, réunit dans son contour les racines des doigts médius (du milieu ou de Saturne) et annulaire (ou du soleil), ligne à laquelle, pour cette raison, ils ont donné le nom d'*anneau de Vénus*.

On observera que la voie lactée, qui n'indique qu'une

passion de tête se trouve le plus souvent dans les mains des types bilieux ou saturniens, nerveux-bilieux ou mercuriens et enfin dans celles du type lymphatique ou lunaire, tous peu susceptibles de passion vraie ; tandis que l'anneau de Vénus, signe de passion naturelle, se rencontre surtout dans les mains des types où le caractère passionné est en rapport avec la constitution, tels que sont les deux types le bilieux-sanguin ou *jupitérien*, et le sentimental ou *vénusien*. Quant au type solaire, c'est un type trop pur et de goût trop élevé, pour pouvoir s'abaisser à aucune passion ayant la matière pour objet.

Aussi ne faut-il chercher dans sa main ni anneau de Vénus, ni voie lactée.

IV

LA LIGNE DE LA RENOMMÉE OU DU SOLEIL.

La saillie de la racine du doigt annulaire, saillie appelée Mont du soleil, d'après le nom du doigt auquel elle correspond, est souvent traversée, comme nous l'avons déjà dit, par une ou plusieurs lignes verticales, qui la creusent profondément, souvent en la partageant en deux et y formant comme un ravin.

Cette ligne ou ces lignes ont reçu le nom de *lignes du soleil* ou de la renommée. Elles partent d'ordinaire soit du milieu de la main, soit, le plus souvent, seulement de la ligne du cœur.

Les chiromanciens étudient ce genre de lignes pour reconnaître si l'on deviendra célèbre dans une spécialité quelconque, et plus particulièrement par des travaux et des créations d'art ; et suivant le point de départ et le point d'arrivée de ces lignes, ils reconnaissent la nature de cette célébrité, soit si elle viendra ou d'une lutte (quand la ligne part du creux de la main) ; ou d'un calcul (quand la ligne part de la ligne de tête) ; ou simplement d'un beau talent, d'une générosité d'âme et d'un grand caractère, ce qui est indiqué quand c'est seulement de la ligne de cœur que par la ligne du soleil.

Nota. Toutes les saillies et lignes, dont il vient d'être parlé dans ce chapitre et dans les deux précédents, étant figurées chacune bien à sa place dans la main-modèle placée en tête de ce livre, une simple inspection de cette main les fera mieux reconnaître que ne le pourraient toutes les explications, et permettra à chacun de les retrouver bientôt au premier aspect dans ses propres mains, et dans celles de ses amis ou de ses connaissances, en même temps que, par les explications déjà données ci-dessus soit sur les formes des mains et des doigts, soit sur les saillies ou monts qui s'y rencontrent, on sera bientôt à même de distinguer, par ces formes, les différents types et caractères avec leurs variétés et modifications diverses annoncées par ces saillies et par ces lignes.

V

LES PETITES LIGNES.

Outre toutes les lignes principales ci-dessus mentionnées, il en existe dans beaucoup de mains, soit dans la main, soit sur les doigts, soit sur les saillies, soit même sur les principales lignes, un très-grand nombre d'autres qui, quoique plus ou moins longues, sont comprises par les chiromanciens sous le nom de « petites lignes ».

Ces lignes n'ont généralement de signification que par les figures qu'elles forment, et par les points ou endroits où elles commencent, et aussi ceux où elles aboutissent.

Nous allons indiquer la signification des principales figures qui peuvent être formées par les petites lignes.

Ces figures sont :

1° *Des croix* +. La croix est un obstacle (si elle barre une grande ligne).

En dehors des grandes lignes, sur les doigts et sur les saillies, elle indique suivant sa grandeur, un *événement* plus ou moins *marquant*, en rapport avec la signification du doigt ou de la saillie où cette croix se trouve.

2° *Des étoiles* ✱. L'étoile partout où elle se trouve, indique *un succès*.

3° *Des soleils* ☼ ou ◎. La figure du soleil indique toujours un *très-grand succès* de gloire ou de renommée.

Sur le doigt annulaire ou sur la saillie placée à sa racine de ce doigt, c'est une grande illustration.

4° *Des carrés* □. Le carré pronostique : *vigueur*, *puissance* pour l'objet ou la qualité signifiée par l'endroit où il se trouve.

5° *Des triangles* △. Le triangle signifie : *capacité*, aptitude, talent, qui amènera la réussite dans l'objet signifié par l'endroit où il se trouve.

6° *Des chaines* ∞∞∞ : *entraves*, *embarras*.

7° *Des grilles* ▦ : *empêchements*.

8° *Des rameaux* : s'ils vont en montant, *abondance;* s'ils vont en descendant, décadence, déchéance, toujours en rapport avec la signification de la ligne à laquelle ils sont joints ou de l'endroit où ils se trouvent.

9° *Des îles* ⊖, *irrégularité*, toujours suivant la signification de la ligne ou de l'endroit où cette figure se trouve.

10° Des points noirs •, coups ou blessures — blancs ○, succès, toujours suivant la signification de la ligne ou de l'endroit où ils se trouvent.

11° La figure plus ou moins bien formée du signe dont on se sert pour représenter astronomiquement chaque planète.

Cette figure désigne l'influence de la planète qu'elle représente.

Par exemple :

Le signe de *Saturne* ♄, *événement fatal ;*

Celui de *Jupiter* ♃, *triomphe*, *domination;* — sur le milieu de la racine du pouce ou mont de Vénus, c'est *heureux mariage ;*

Celui de *Vénus* ♀, *amour;*

Celui de *Mars* ♂, *force* ou *lutte;*

Celui de *Mercure* ☿, *adresse*, *intelligence*, *ruse ;*

Celui de la *Lune* ☽, *inconstance*, *changement*, toujours en rapport avec la signification de la ligne ou de l'endroit où le signe planétaire se trouve.

CHAPITRE IV

NOUVELLES OBSERVATIONS RELATIVES AUX LIGNES ET AUTRES SIGNES DE LA MAIN. — RAPPORT DE CES LIGNES ENTRE ELLES ET AVEC D'AUTRES LIGNES OU SIGNES.

Dans les deux chapitres précédents, nous avons parlé des lignes de la main, tant de celles qui forment la lettre M, que des autres grandes et petites lignes, mais nous n'en avons fait connaître que les noms, la place où elles se trouvent et leur signification générale.

Cette signification peut être modifiée par le plus ou moins de rapprochement ou d'éloignement de ces lignes dans leur rapport avec les autres lignes normales ou avec d'autres lignes inusitées qui les coupent ou les traversent; ou bien encore parce qu'elles portent tel ou tel signe, etc., etc.

C'est ce qu'il importe d'étudier maintenant pour bien comprendre toutes les modifications qu'apportent à telle ligne la rencontre, le rapprochement ou l'éloignement de telle ou telle autre, ainsi que le point de départ ou d'arrivée de toutes ces lignes : car nulle ligne de la main ne peut bien se comprendre qu'autant que la partie de la main d'où elle part et celle vers laquelle elle se dirige et s'arrête, en sont parfaitement reconnues.

Nous allons, comme précédemment, commencer par les lignes que nous avons dit former la lettre M.

I

LA LIGNE DE VIE.

La ligne de vie (celle que nous avons vu former la premier jambage de la lettre M dans la main gauche et le dernier dans la main droite), en entourant la racine du pouce d'un demi-cercle, est appelée aussi la ligne du sang.

Elle en indique la puissance, la vitalité, le plus ou moins de pureté.

Longue, nette, pure, bien tracée, égale dans toute sa longueur et d'un beau coloris rose, elle est la marque d'une bonne constitution, d'une santé vigoureuse, et donne l'espoir d'une longue vie.

Courte, mal dessinée, d'inégale grosseur dans son parcours, qu'elle soit ou non coupée d'autres lignes, elle désigne une mauvaise constitution, un sang vicié, des dispositions aux fièvres de mauvaise nature. Si de plus elle est coupée par d'antres lignes, elle indique ou prédit l'invasion de diverses maladies suivant la partie de la main d'où partent ces lignes. Si c'est de la ligne au-dessous de la racine des quatre doigts supérieurs (ligne de cœur ou de sensibilité), ces maladies viendront d'affections morales froissées; si c'est de la ligne formant le deuxième jambage de la lettre M (ligne de tête), la maladie viendra du cerveau, de contrariétés d'intérêt ou de coups à la tête. Si c'est de la racine du pouce ou mont de Vénus, que partent les lignes qui couperaient la ligne de vie, cela indiquerait des maladies provenant d'excès dans les rapports d'amour et dans les voluptés sensuelles; si, au contraire, ces lignes partaient du creux de la main (ou plaine de Mars), on en pourrait conclure que les maladies qui attaqueraient la vie, viendraient d'embarras, de luttes ou de difficultés et privations matérielles, etc.

Dans l'examen de la ligne de vie, il faut voir si à sa naissance du côté du pouce elle est jointe ou non avec le deuxième jambage de la lettre M qui est la ligne de tête : si ces deux lignes se joignent dès leur commencement et sous le doigt index, de manière à former par leur jonction sous ce doigt un angle aigu régulier, c'est un pronostic que la personne sera sage et prudente, et que le soin de sa conservation ne l'abandonnera jamais dans aucun de ses projets ni dans aucune de ses démarches; si, au contraire, les deux lignes, la ligne de vie et la ligne de tête, étaient disjointes de manière à ce que ces deux lignes ne se touchassent pas du tout, ce serait un signe que la tête ne marcherait point d'accord avec la vie, et que, pour l'exécution de projets une fois conçus on oublierait tout, jusqu'au sentiment de sa propre conservation.

Mais si la ligne de vie et la ligne de tête jointes à leur commencement, au lieu de se disjoindre sous le doigt index, n'avaient cette séparation que plus loin sous le doigt du milieu, on en pourrait conclure que l'âge de raison de la personne examinée aurait été tardif, et qu'elle n'aurait commencé à se connaître et à réfléchir sur elle-même qu'après une enfance longue et végétative, et que toutes ses facultés intellectuelles se seraient développées tard.

Des *points* ..., des *ronds* (petits cercles) o o, placés sous la ligne de vie, indiquent des maladies du cœur, ou des atteintes portées à la vie pour coups et blessures et non pas, comme l'ont dit les chiromanciens, la perte d'un œil et des deux yeux.

Les points noirs indiquent lésion du cœur par corruption et vice du sang ; des points blancs indiquent le refoulement nerveux au cœur, qui produit l'anévrisme.

II

LA LIGNE DE TÊTE.

Dans l'examen de la ligne de tête, ligne qui forme le jambage du milieu de la lettre M, on aura à voir d'abord sa longueur. Elle doit finir à peu près sous le petit doigt, ou plutôt entre le doigt annulaire et le petit doigt vers le milieu et à la hauteur du tranchant de la main ou Mont de Mars.

Plus longue, elle indiquerait une personne d'un sens froid qui soumettra tout à ses calculs et à son intérêt ; plus courte, s'arrêtant, par exemple, sous le doigt du milieu, elle indiquerait un personnage à courte vue, qui perdra facilement la tête devant les difficultés et ne saura pas comment y faire face.

Finissant, comme nous l'avons dit, à la hauteur du milieu du tranchant de la main, elle indiquera un homme maître de lui et sachant retenir sa violence dans les limites de la raison. Si elle finissait plus bas, vers la partie inférieure du tranchant de la main, en s'approchant du Mont de la Lune ou lieu de l'imagination, elle signifierait une tendance à abandonner ses intérêts positifs, pour s'absorber dans la rêverie et bâtir, comme l'on dit, « des châteaux en Espagne. »

Mais si, à son extrémité, la même ligne de tête se relevait pour remonter vers le petit doigt, ce serait un pronostic que, dans le cours de la vie, le cœur emporterait la tête, et que l'on négligerait tous ses intérêts dès que l'on aurait l'âme prise par un sentiment, une affection quelconque.

La ligne de tête nette et pure dans tout son parcours, indique un esprit solide, un sens droit qui ne se troublera pas facilement ; mais, au contraire, si elle est inégale de grosseur, de profondeur, dans quelques-unes de ses parties, elle désignera une intelligence peu sûre d'elle même, qui ne saura pas aller droit à son but, et, dans certaines circonstances, se troublera, sera obligée de louvoyer, de tergiverser, en proie à l'incertitude, à l'indécision, troubles et incertitudes qui seront designés aussi par les lignes diverses qui pourraient en divers endroits traverser et couper la ligne de tête.

Des *points* ...., des ronds ou cercles o o sur la ligne de tête, indiquent : non la perte d'un ou des deux yeux, mais bien des maladies du cerveau, produites par des coups à la tête.

III

LA LIGNE DE CŒUR.

C'est, nous l'avons vu, la ligne qui forme dans la main gauche le troisième jambage de la lettre M et le premier dans la main droite en courant horizontalement sous les saillies ou racines des quatre doigts supérieurs. Le nom de ligne de cœur ou de l'âme donné, ainsi que nous l'avons dit, à cette ligne indice de la sensibilité morale, vient de ce que c'est le cœur qui, dans l'être humain (homme ou femme), est le moteur de toute sensibilité. Aussi le peuple, qui a l'instinct de la vraie source des sentiments appelle-t-il du nom de « sans cœur, ou sans âme » l'homme ou la femme qui manque de sensibilité devant l'infortune d'autrui.

Il y a quelques personnes à qui manque dans la main « la ligne de cœur » ; de telles personnes ne peuvent guère être influencées par le sentiment, et en général, dans tout le cours de leur vie, elles ne se montreront guère sensibles qu'à leurs intérêts.

Si la ligne de cœur est traversée dans son cours par des lignes autres que de grandes lignes, on en concluera autant d'atteintes qui seront ou auront été portées à la sensibilité morale de la personne, autant de contrariétés qu'elle aura souffertes par ou pour les personnes qu'elle aura aimées.

Quelquefois la ligne de cœur s'abaisse à son extrémité du côté du tranchant de la main, vers la ligne de tête et semble vouloir se rapprocher de cette dernière ligne. C'est la marque que la tête entraînera le cœur, et que par l'effet des circonstances, on sera obligé de sacrifier des affections à des intérêts.

Une ligne de cœur commençant et finissant par des rameaux indique une bonne et riche nature ; le caractère sera de plus grand, beau et noble, si à son extrémité du côté de l'index les rameaux montent vers ce doigt.

Une ligne de cœur sans rameaux indique un esprit timide, indécis, manquant d'entrain et d'épanouissement.

Une ligne de cœur en forme de chaîne pronostique des affections inconstantes, indécises et qui manqueront de chaleur.

CHAPITRE V

OBSERVATIONS NOUVELLES SUR LES LIGNES DE LA MAIN (*suite*).

I

LA LIGNE DE CHANCE DANS SES RAPPORTS AVEC LES AUTRES PARTIES ET LIGNES DE LA MAIN.

Nous savons ce qu'est la ligne de chance, et nous avons vu que c'est parce qu'elle aboutit ordinairement au doigt du milieu ou doigt de Saturne qu'on lui a donné le nom de Saturnienne.

Cette ligne qui est appelée aussi la ligne du bonheur, mais qui en réalité n'est que la ligne du hasard, indique seulement ce qui doit arriver sans notre volonté, ce qui justifie son nom de ligne de chance.

Son point de départ n'est pas régulier, puisque tantôt elle part du bas du poignet entre la saillie de la racine du pouce ou Mont de Vénus et celle du bas du tranchant de la main ou Mont de la Lune; tantôt même du creux de la main ou plaine de Mars; tantôt du mont même de Mars, c'est-à-dire de la saillie du milieu du tranchant.

Son point d'arrivée peut varier de la même manière, puisque tantôt on la voit s'arrêter au milieu du creux de la main, tantôt à la ligne de tête, tantôt à la ligne de cœur ou se diriger soit vers le doigt index ou doigt de Jupiter, soit vers le doigt annulaire ou doigt du Soleil.

C'est du point de départ et du point d'arrivée de la ligne de chance, comme aussi de la manière d'être de cette ligne, que doivent se tirer les significations bonnes ou mauvaises que cette ligne peut avoir.

Belle, droite, nette et pure, et montant directement de la racine du poignet par le milieu de la main pour arriver à la naissance du doigt du milieu, après en avoir traversé et creusé profondément la saillie placée au-dessous de ce doigt, la ligne de chance indique un bonheur sans mélange, des donations, des héritages et un succès non interrompu, malgré même toutes les maladresses et toutes les imprudences, surtout si cette ligne est telle dans la main gauche. Si elle n'est que dans la main droite, c'est un succès quand même, mais seulement dans ce que nous entreprendrons ou avons entrepris.

Nous réussirons, mais ce ne sera que par nos efforts, par notre travail et en mettant, comme l'on dit « la main à la pâte. »

Si la ligne de chance n'est pas belle jusqu'à la naissance du doigt du milieu, des obstacles viendront entraver notre chance dans un âge plus avancé.

Si elle ne va qu'à la ligne de cœur, les obstacles viendront d'un sentiment; si elle s'arrête à la ligne de tête, ce sera un « coup de tête » qui nous aura empêché d'être heureux.

Si, au contraire, la ligne de chance n'est belle que sur la fin, la chance et le bonheur ne nous arriveront que tard.

Si elle n'est belle qu'au commencement près du poignet et qu'ensuite elle devienne tortueuse ou s'efface même entièrement, ce sera un signe que nous sommes nés dans des conditions de bonheur qui ne se continueront pas.

Si la ligne de chance est belle à son commencement et à sa fin, et que dans son milieu elle soit interrompue ou coupée et noyée dans d'autres lignes, c'est signe de grandes difficultés pour le milieu de la vie, mais le bonheur reviendra sur la fin.

Si la ligne de chance manque dans les deux mains, on pourra malgré cela être heureux et réussir, mais seulement sans avoir rien à attendre du hasard.

Et, à notre avis, c'est surtout pour les personnes dont les mains manquent de la ligne de chance, qu'a été créé le proverbe « aide-toi, le ciel t'aidera » car ceux-là n'obtiennent rien que de leur travail.

Souvent la ligne de chance, au lieu de partir du milieu

de la racine du poignet, part ou de la saillie qui forme la racine du pouce, ou de la saillie qui est au bas du tranchant de la main.

Dans ces deux cas on n'a pas apporté la chance en naissant ; elle doit venir plus tard ou d'une alliance de mariage, ou même d'une simple inclination quand c'est de la racine du pouce ou mont de Vénus que part la ligne de chance.

Si, au contraire, cette ligne part du bas du tranchant de de la main, vers le Mont de la Lune, notre chance viendra d'une fantaisie, ou d'un caprice qui nous amènera à un grand changement, à un déplacement et même à un voyage lointain, suivant que la ligne de chance part de saillie intérieure, ou de la saillie extérieure du tranchant, la saillie extérieure indiquant toujours le plus grand éloignement, et presque toujours des voyages outre-mer, surtout si de cette saillie s'avancent des raies profondes sur la même saillie vers l'intérieur de la main.

II

LA LIGNE DE LA SANTÉ OU DU FOIE.

La ligne de la santé ou du foie est la même qui est désignée sous le nom de ligne *hépatique* .

Sa place dans la main est, comme nous l'avons dit, du bas de la racine du pouce à l'extrémité de la ligne de tête.

Par cette ligne, nous l'avons déjà indiqué, on reconnaît le plus ou moins de santé d'une personne ainsi que la nature de ses dispositions et de ses forces pour se livrer à des travaux et des calculs de tête.

Quand cette ligne ne se trouve ni dans l'une ni dans l'autre des deux mains, on en peut conclure que la personne est née plutôt pour agir que pour penser.

Belle, droite, nette et égale de grosseur et de profondeur, elle indique une bonne constitution, surtout si elle est jointe au bas de la ligne de tête en formant avec cette ligne et la ligne de vie un triangle à peu près régulier.

Si l'hépatique n'arrive pas à la ligne de tête, il y a manque d'harmonie entre le cerveau et le foie, et c'est ce dernier qui est le plus faible, ce qui nuira à la puissance de la pensée, et rendra fatigant et difficile le travail intellectuel.

Si la ligne du foie dépasse la ligne de tête, et s'approche trop de la ligne du cœur, ou même va la rejoindre, la puissance et l'activité se porteront vers les choses du sentiment, et la tête ne pourra créer que suivant l'abondance du cœur.

Toutes les forces vives de l'organisme n'évolueront qu'en faveur des personnes que l'on aimera; mais alors l'on poussera le dévouement jusqu'à s'oublier complétement soi-même, soi et le soin de tous ses intérêts.

Les lignes qui traversent la ligne du foie indiquent autant d'altérations de la santé qu'on aura ou qu'on aura eu à subir, mais seulement dans les rapports avec le foie : des maux d'estomac, par exemple, des épanchements de bile à la suite de violentes contrariétés, de travaux de tête exagérés ou de cruelles déceptions après des projets ou des calculs longtemps combinés.

Dans quelques mains la ligne du foie, au lieu de se réunir à la ligne de tête, va se perdre sur le milieu du tranchant extérieur de la main.

C'est l'indice que la santé s'épuisera en des luttes matérielles, sans que l'on puisse se livrer aux travaux ou aux calculs pour lesquels on aurait de la capacité et du goût.

Dans beaucoup de mains la même ligne hépatique ou du foie manque absolument.

Cette absence de cette ligne peut ne pas être l'indice d'un manque de santé. Seulement elle fait connaître que les personnes ainsi douées auront peu de goût ou de capacité pour les travaux et les calculs trop appliqués de la tête, et que dans tous les cas, il ne serait pas bon à leur santé, de s'y appliquer trop longtemps, ou d'en faire un usage trop habituel ou trop fréquent.

III

LIGNES DE PASSION, OU VOIE LACTÉE ET ANNEAU DE VÉNUS.

Dans un certain nombre de mains se rencontrent quelquefois, nous l'avons déjà indiqué, une ou plusieurs lignes parallèles qui partent plus ou moins du bas de la ligne de vie près de la jointure du poignet, pour se rendre, plus ou moins obliquement, vers ou près de la racine du petit doigt.

Par ces lignes, suivant les anciens chiromanciens, se reconnaît ce qu'il y a de passionné dans l'imagination plutôt que dans le tempérament d'une personne.

Aussi les anciens avaient-ils nommé ces lignes « voies de lasciveté » ou d'abandon charnel.

On aura toujours à craindre des libertés peu convenables de la part des personnes ainsi organisées.

C'est aux parents à ne pas laisser seuls ensemble des jeunes gens de sexe différent, quand dans la main de l'un ou de l'autre se rencontrent de semblables lignes, surtout si elles se trouvent à la main droite.

La même précaution sera utile quand également chez l'un ou chez l'autre, se rencontrera l'*anneau de Vénus,* ligne courbe qui, ainsi que nous l'avons dit, enclot, dans un demi-cercle plus ou moins bien formé, la saillie du doigt du milieu réunie à celle de l'annulaire. Le nom d'anneau de Vénus donné à cette ligne, dont la signification pourtant est bien moins mauvaise que celle de la *voie lactée*, indique néanmoins un tempérament ardent et passionné, peu capable de résister, pour peu que l'occasion se montre favorable.

IV

LA LIGNE DU SOLEIL.

C'est, nous l'avons vu, une ou plusieurs lignes verticales qui dans certaines mains traversent en la creusant plus ou moins profondément la saillie de la racine du doigt annulaire, appelée Mont du Soleil.

Nous avons vu que, par la ligne du soleil, on pouvait connaître si une personne pouvait espérer quelque célébrité dans un genre quelconque, ce qui avait fait aussi donner à cette ligne le nom de *ligne de la Renommée.*

Belle, droite et profondément creusée dans la saillie de l'annulaire, la ligne du Soleil ou de la renommée indique un grand succès de réputation.

Une seule ligne allant à l'annulaire, c'est une réputation d'artiste.

Deux lignes solaires dont l'une se dirige vers le petit doigt, c'est une réputation de science ou d'invention : si des deux lignes, l'une se dirige vers le doigt du milieu ou doigt de Saturne c'est une réputation dont une partie viendra du hasard.

Trois lignes montant ensemble vers l'annulaire, c'est réputation colossale due à un mérite exceptionnel.

Une ou plusieurs lignes du soleil barrées ou interrompues, c'est réputation manquée.

Si la ligne de renommée part de la ligne de cœur, ce sera succès dû à une grande générosité de caractère ; si elle part de la ligne de tête, le succès viendra de calculs.

Si enfin la ligne de renommée part du creux de la main, on n'arrivera à la réputation qu'après de longues luttes contre les difficultés et avec beaucoup de peines, surtout si le creux de la main est rayé ou marqué de croix.

VI

LES RASCETTES.

A la racine du poignet, sur le bras, à l'endroit où il se plie et se joint avec la main, il se rencontre toujours une ou plusieurs lignes qui coupent transversalement l'avant-bras dans le sens de la pliure.

Les chiromanciens ont appelé l'endroit de l'avant-bras où se trouvent ces lignes, la *rascette*, ou razette, comme qui dirait la racine, et ils voient dans la rascette et dans les lignes qui s'y trouvent, l'indication du plus ou moins de longueur que doit avoir la vie, et même si cette vie sera plus ou moins heureuse.

Quatre lignes parallèles bien dessinées, bien droites, et bien égales, coupant transversalement la rascette indiquent la plus longue étendue de vie possible, plus de cent ans.

Trois lignes également bien pures, environ quatre vingt-dix ans.

Deux lignes, environ soixante ans, et une seule à peu près trente ans, si la ligne est belle et bien pure.

Mais si elle est mal dissinée, ou trouble, ou interrompue, tressée en chaîne, etc., elle peut indiquer beaucoup de peine et de contrariétés.

Toute ligne, à la rascette, mal dessinée ou interrompue indique, dans tous les cas, beaucoup de disgrâces ou de difficultés dans l'existence, quelque longue ou courte qu'elle puisse être.

CHAPITRE VI

LES LIGNES ET SIGNES DE LA MAIN (*suite*) : LES FIGURES FORMÉES PAR LES LIGNES.

I

ÉTUDE DU QUADRANGLE.

On appelle *Quadrangle* l'espace compris dans la main entre la ligne de cœur (celle qui court au-dessous des racines des quatre doigts supérieurs), et la ligne de tête (jambage du milieu de la lettre M).

La forme du Quadrangle est donc le résultat du bien ou mal placé des deux lignes, la ligne de cœur et la ligne de la tête.

Quand ces deux lignes sont bien placées et qu'elles sont régulières dans tout leur parcours, la forme du Quadrangle aussi est régulière et gracieuse ; et cela indique une bonne constitution et un bon caractère, large, généreux, bienveillant.

Si, au contraire, les deux lignes, la ligne de cœur et la ligne de tête, sont mal placées, ou seulement l'une des deux, soit que la ligne de cœur s'abaisse trop dans quelques points vers la ligne de tête, ou que la ligne de tête monte trop vers la ligne de cœur, le Quadrangle se trouve à la fois irrégulier et étroit.

Ce qui indiquera un caractère rétréci, irrésolu, craintif et manquant généralement de spontanéité, d'entrain, de décision.

Si c'est parce que la ligne de cœur descend trop vers la ligne de tête, ce sera par intérêt et par égoïsme que la personne aura le caractère étroit et mesquin.

Si, au contraire, c'est que la ligne de tête monte trop

vers la ligne de cœur, le caractère pourra être bon et généreux au fond, mais il sera toujours mesquin, timide et maladroit dans les démonstrations. On aura peut-être de grandes idées, on pourra vouloir se montrer grand et généreux, mais ce ne sera jamais à temps; et, par manque de spontanéité et de décision, les actions seront toujours petites et étroites.

La conséquence de ces hésitations, de ces embarras au moment d'agir, et les déboires qu'ils attirent le plus souvent, fera naître dans la main au sein du Quadrangle, c'est-à-dire entre la ligne de tête et la ligne de cœur, de petites lignes qui s'enchevêtreront en forme de croix, plus ou moins grandes ou plus ou moins marquées, tous signes réels et expressifs des embarras d'esprit où l'on s'est trouvé.

Par l'inspection du Quadrangle de la main, un père et une mère connaîtront si l'époux qu'ils veulent donner à leur fille, aura l'entrain, la spontanéité pour réussir dans ses affaires matérielles et pour rendre heureux son intérieur.

La jeune fille pourra savoir par avance l'ensemble du caractère de celui qu'elle désire prendre pour époux.

Le jeune homme pourra juger par avance du degré de grandeur, de générosité de la femme qu'il voudra s'adjoindre pour compagne, et pourra pressentir ce qu'elle sera dans son intérieur, et ce qu'elle lui prépare de bonheur ou de malheur, tant pour sa conduite à son égard, que pour sa manière de conduire et de diriger ses enfants (1).

II

ÉTUDE DU GRAND-TRIANGLE.

On appelle *Grand-Triangle*, dans la main, l'espace qui s'étend entre la ligne de tête, la ligne de vie (celle qui

(1) La place de l'espace appelée Quadrangle est indiquée dans la main-modèle en tête de ce livre par le n° 1.

entoure la racine du pouce) et, pour les mains où elle se trouve, la ligne dite hépatique ou du foie.

Le même principe qui fait étudier le Quadrangle, dont nous venons de parler, oblige aussi à étudier le Grand-Triangle.

En effet, si les trois lignes, la ligne de tête (milieu de la lettre M), la ligne de vie et la ligne de la santé (hépatique) sont régulières et ni trop hautes, ni trop basses, ni trop éloignées, ni trop rapprochées l'une de l'autre, non-seulement le Quadrangle (par la ligne de tête) est régulier signe d'un bon caractère, mais aussi le Grand-Triangle.

Et quand le Grand-Triangle est régulier, c'est un signe qu'à la fois le sang (par la ligne de vie), l'intelligence (par la ligne de tête) et enfin la puissance cérébrale (par la ligne hépatique) sont dans un juste rapport et dans un bon équilibre.

C'est donc signe à la fois de santé, de vigueur d'esprit et de puissance du calcul et de la pensée.

Mais si le Grand-Triangle, formé par ces trois lignes, est irrégulier, soit par le mal placé ou le mal tracé de ces trois lignes ou seulement de l'une d'elles, ou la vie, ou l'intelligence, ou la puissance du travail de tête et des calculs fera défaut, et ainsi, par une de ces causes ou peut-être par toutes trois, l'homme se trouvera incomplet pour la bonne direction soit de lui-même soit des autres.

Et, par suite de cet état incomplet de sa nature, des embarras nombreux lui seront créés dans la conduite générale de sa vie, embarras qui seront bientôt signifiés dans sa main au sein du Grand-Triangle par la naissance de nombreuses petites lignes s'enchevêtrant, comme nous l'avons vu pour le Quadrangle, en forme de croix, de grilles, de carrés, etc., qui, bon gré mal gré, témoigneront des difficultés auxquelles on aura déjà été en butte.

Par ces raisons on conçoit que l'étude du Grand-Triangle, dans la main d'une personne quelconque avec qui l'on a quelqu'affaire à traiter, ou avec qui l'on pourrait se lier, ou à qui l'on pourrait confier la gestion de quelques intérêts, n'est pas moins importante que l'étude du Quadrangle.

Par l'étude du Quadrangle dans les mains, on connaîtra le caractère moral et social; par l'étude du Grand-Triangle, on reconnaîtra la puissance vitale et intellectuelle, et les œuvres que l'on doit en attendre (1).

III

ÉTUDE DU PETIT-TRIANGLE.

Le *Petit-Triangle* ne se trouve que dans les mains qui ont, avec la ligne *hépatique,* aussi la ligne de chance, et alors il est cet espace compris entre la ligne de tête, la ligne de chance et l'hépatique.

Si la ligne de tête est régulière dans sa direction et dans sa longueur; si la ligne hépatique part bien du bas de la racine du pouce pour aller rejoindre obliquement la ligne de tête et former avec cette ligne un angle droit; et si la ligne de chance monte bien du bas du milieu de la main pour aller traverser directement la ligne de tête, formant avec cette ligne un angle aigu, mais régulier, le Petit-Triangle, formé par ces trois lignes, sera également régulier, mais avec deux angles aigus et un angle droit.

Dans ces conditions il indiquera une puissance d'intelligence et de travail de tête, secondée par une chance heureuse (2).

Par conséquent il fera connaître la possibilité de réussir dans des études et des travaux d'esprit.

Les parents qui destinent leurs enfants aux études et aux carrières libérales, pourront savoir d'avance si ces enfants sont propres à de telles carrières et pourront y obtenir des succès.

Si ces enfants ont dans la main d'abord le Grand-Triangle (formé par toute la longueur des trois lignes : la ligne de vie, la ligne de tête et la ligne hépatique ou ligne de

(1) La place du Grand-Triangle est indiquée dans la main-modèle en tête de ce livre par le n° 2.

(2) La place du Petit-Triangle est indiquée dans la main-modèle en tête de ce livre par le n° 3.

santé et du foie) et que ces trois lignes y soient bien régulières, et qu'en même temps ils aient bien régulier le Petit-Triangle, formé par une belle ligne de chance coupant à angles aigus mais réguliers l'hépatique et la ligne de tête, tandis que l'extrémité de la ligne de tête vient former un angle droit par sa jonction à l'extrémité de la ligne hépatique, ils peuvent hardiment lancer ces enfants dans la carrière des études; ils y réussiront.

Mais s'ils voient dans les mains de leurs enfants ou absence du Grand-Triangle, par manque de la ligne ou du foie ou de la santé, ou bien ce Grand-Triangle mal formé et défectueux par une mauvaise position ou de la ligne de vie, ou de la ligne de tête, ou de la ligne hépatique, ils devront chercher pour ces enfants une autre vocation que celle des études : ceux-ci n'y réussiraient pas ou par défaut d'intelligence, ou par défaut de puissance et de goût pour les travaux intellectuels.

Malgré même le Grand-Triangle bien formé, si le Petit-Triangle fait défaut dans la main par absence de la ligne de chance, il sera bon que l'on choisisse pour baser l'avenir des enfants, une autre carrière que les carrières libérales.

Malgré les succès intellectuels, la chance leur ferait défaut, et, avec de grands talents leur avenir se trouverait compromis (1).

(1) Ce manque de chance pour les travaux intellectuels peut s'expliquer en ce qu'il peut résulter d'un manque de sagacité qui empêche de reconnaître l'opportunité de certains travaux.

De là vient que souvent, avec beaucoup de talents, on ne réussit pas, matériellement, par les œuvres de l'esprit.

C'est que ces œuvres, pour une cause ou pour une autre, sont chez certaines gens rarement produites en temps opportun.

Par là pourrait s'expliquer naturellement ce qu'on a appelé l'influence de la chance ou de la destinée. Il est vrai qu'il a été dit que « l'homme sage serait supérieur aux astres. »

Les personnes à qui manque la ligne de chance pour les travaux intellectuels, manqueraient-elles donc de sagesse, de prudence, de connaissance des temps, des milieux, etc. ?

Le doigt de Saturne ou doigt du milieu n'est peut-être le doigt de la atalité que parce qu'il est avant tout le doigt de cette science et sagesse dont nous parlons, et quand manque dans la main la ligne qui doit correspondre à ce doigt, cette sagesse, cette connaissance de l'à-propos, de la convenance des choses, fait peut-être anssi défaut.

N'a-t-il pas été dit « que les enfants de lumière, c'est-à-dire les hommes puissants au point de vue des choses de l'esprit, sont moins habiles dans la conduite de leurs affaires que les « enfants du siècle », autrement dit que les hommes que leurs facultés rattachent plutôt à la poursuite des intérêts matériels? Conclusion, le talent, pour le succès dans les œuvres de l'esprit, ne suffit pas ; il faut encore *la chance*, ou du moins ce qui la donne, la sagacité de produire ces œuvres à propos, et dans les conditions et les milieux propres à les faire réussir.

CHAPITRE VII

DE LA DIFFÉRENCE DE SIGNIFICATION QU'IL FAUT ÉTABLIR ENTRE LA MAIN DROITE ET LA MAIN GAUCHE.

Dans l'étude des mains on remarquera que les formes, saillies, lignes et autres signes de la main gauche sont rarement les mêmes que ceux de la main droite; même bien souvent, comme nous l'avons déjà indiqué, on trouvera entre les deux mains une différence notable.

Des lignes, des saillies et autres signes existeront dans l'une des deux mains et ne se trouveront pas dans l'autre; et bien souvent les deux mains seront entre elles si différentes même par leur forme extérieure, qu'elles ne sembleront pas appartenir à la même personne. Même quelquefois le type de la main sera différent.

En présence de ces anomalies les anciens chiromanciens avaient pensé que les deux mains se complétaient l'une par l'autre, et qu'un pronostic n'était certain que quand les mêmes signes se rencontraient dans les deux mains.

C'était tout ce qu'ils avaient pu dire à ce sujet, parce qu'ayant étudié la main plutôt au point de vue conjectural et divinatoire, qu'au point de vue véritablement scientifique de la physiologie raisonnée, ils avaient plus cherché à éblouir le vulgaire par le prestige de la divination, qu'à l'instruire sur sa vraie nature et sur les conséquences utiles et pratiques que chacun devait tirer d'une vraie connaissance de soi-même.

Les chiromanciens modernes, se dirigeant d'après les mêmes errements, n'en avaient vu ni plus long ni plus loin; mais l'étude de la main au point de vue physiologique est bien autrement puissante.

Car par la physiologie l'on apprend que la main gauche n'a pas du tout les mêmes fonctions que la main droite.

La main droite est la main de l'action, et la main gauche n'est pour l'action qu'une aide, un auxiliaire ajouté à la main droite; mais l'initiative doit principalement venir de cette dernière, et la main gauche ne vient à son secours que quand la main droite est ou empêchée ou impuissante à faire elle-même toute l'œuvre.

Autrement quand la main droite suffit, la main gauche reste en repos.

Le rôle de la main droite est donc essentiellement un rôle actif, tandis que la main gauche n'a qu'un rôle le plus ordinairement passif et subordonné.

Et généralement le repos lui est encore plus naturel que l'action; ce qui est tout le contraire pour la main droite, pour qui l'action est comme une nécessité, et le repos, une souffrance.

Et la raison physiologique qui veut qu'il en soit ainsi, c'est que la main droite est placée au corps de l'homme du côté des organes actifs, ou principes de l'action, tel que le foie, dont les sécrétions biliaires sont un stimulant énergique à se mouvoir et à agir, en même temps qu'elles donnent la force nécessaire pour cela.

Tandis que le cœur, du côté duquel se trouve la main gauche, est par lui-même un organe passif dont l'action qui consiste à faire circuler le sang serait facilement contrariée par des mouvements trop prolongés du bras et de la main gauche. Au contraire, l'action et le mouvement du bras droit et de la main droite, en facilitant au foie la sécrétion de la bile, principe de la force et de la virilité active chez l'homme, devient favorable même aux fonctions de l'estomac et à la digestion.

La conséquence de ceci, c'est que dans la main gauche se trouveront naturellement les signes en rapport avec les puissances de cette main, qui sont des puissances passives, tandis que dans la main droite on trouvera de même les signes en rapport avec les fonctions de cette main, et par conséquent l'indication chez toute personne de ce qu'elle peut posséder de puissance active ou de facultés et de dispositions propres à l'action.

Par l'étude donc de l'une et de l'autre main, on reconnaîtra si la personne est plus apte à l'action qu'à la pensée : car alors les signes les plus réguliers et les plus complets se trouveront dans la main droite.

Si c'était la main gauche dont les signes présenteraient le plus de régularité, il faudrait en conclure que la personne est plus passive qu'active, et mieux organisée pour la pensée que pour l'action.

Dans ce cas là, ce qui devra lui réussir ce ne sera pas ce qu'elle fera ou entreprendra, mais seulement ce qu'elle dirigera ou fera faire.

Ceux qui ont les signes les plus réguliers dans la main droite ne devront rien attendre du hasard ; ils ne réussiront que par leur propre travail, et suivant le dicton vulgaire « en mettant eux-mêmes la main à la pâte », et à la force du poignet. Tandis qu'aux autres, ceux chez qui la main gauche serait plus complète que la main droite, le succès leur arrivera pour ainsi dire de lui-même et en dehors de leurs propres efforts ; ils n'auront pour ainsi dire qu'à l'attendre, surtout si cette main gauche, en outre des autres signes, présente une belle ligne de chance, longue, nette et bien formée dans tout son parcours.

A ces gens arrivent, sans qu'ils les cherchent, les dons, les cadeaux, les héritages, et ils sont du nombre de ceux pour qui il a été dit: « aux innocents, les mains pleines. »

CHAPITRE VIII

COMMENT ON DOIT PROCÉDER QUAND ON VEUT ÉTUDIER LES MAINS D'UNE PERSONNE. RÉCAPITULATION DE TOUT CE LIVRE.

Signes auxquels on peut reconnaître : la *constitution*, — le *caractère* passif ou actif, — la *moralité* et la *sociabilité*, — la *santé*, — la *capacité* pour les affaires ou pour les études, — les penchants ou dispositions diverses : à l'*orgueil*, — à l'*avarice*, — à la *luxure*, — à l'*envie*, — à la *gourmandise*, — à la *colère*, — à la *paresse*, etc., — les *goûts* dominants, — les *chances* générales, — les *succès* probables : en *amour-propre*, en *industrie*, en *amour* ou en *mariage*, en *renommée* artistique ou autre, etc., etc.

I

La première chose à examiner dans l'étude des mains d'une personne, c'est la forme elle-même de la main. Cette forme nous apprendra à quel type appartient cette main, et nous révélera par conséquent les points généraux et dominants dans la constitution et le caractère de cette personne (Voir ci-dessus tout le chapitre troisième de la première partie de ce livre, page 29) où sont exposés tous les signes distinctifs propres à faire reconnaître chaque type de main, avec indication de la nature de caractère, de goûts et de facultés naturelles, correspondant à ces types.

II

Une fois qu'on a reconnu à quel type appartient la main, on examine successivement les deux mains, la droite et la gauche, pour voir dans laquelle des deux les doigts, leurs saillies, les lignes et autres signes sont les plus beaux, les plus réguliers dans leur ensemble, et par là l'on reconnaît si, dans son type la personne est plus active que passive (quand c'est la main droite qui présente le plus de régularité), ou plus passive qu'active (quand, au contraire, cette régularité se trouve surtout dans la main gauche). (Voir ci-dessus tout le chapitre septième, pages 112 et suiv.).

III

En troisième lieu l'on examine de suite, dans les deux mains, la forme donnée par le Quadrangle (espace entre la ligne de cœur et la ligne de tête) ; on arrive ainsi à connaître le plus ou moins de générosité, de grandeur (quand le quadrangle est beau, large et bien régulier), ou le plus ou moins de petitesse, de mesquinerie que peut présenter le caractère de cette personne (ce qui arrive quand le quadrangle est étroit, mal formé et embarrassé de croix ou de grilles).

On verra si cette petitesse de caractère vient ou d'égoïsme (quand la ligne de cœur s'abaisse pour se rapprocher de la ligne de tête), ou de timidité (quand la ligne de tête monte trop vers la ligne de cœur).

(Voir à ce sujet ci-dessus tout le § 1er du chapitre sixième, IIIe partie de ce livre, page 106.)

IV

Une fois que l'on aura reconnu, par l'étude du Quadrangle de ses mains, le degré de moralité et de sociabilité de la personne que l'on examine, on étudiera son état de santé, ainsi que ses capacités intellectuelles et ses puissances pour le travail de tête, en examinant dans ses mains le Grand-Triangle, espace compris entre la ligne de vie, la ligne de tête et la ligne hépatique (ligne de la santé ou du foie).

Si ces trois lignes sont belles, longues, nettes, régulières, il y aura à la fois bonne santé, puissance de travail, et intelligence pour bien diriger ses affaires ou celles de sa famille et aussi les affaires qu'on lui confierait. Le contraire devrait être conclu au cas d'un mauvais tracé du Grand-Triangle, par suite de la défectuosité d'une des trois lignes qui le forment ou même de toutes ensemble ou par l'absence de l'hépatique, par où le Grand-Triangle manquerait (Voir à ce sujet tous les détails donnés à ce sujet au § 2 du chapitre sixième, IIIme partie de ce livre, page 107).

V

Ces données seront complétées par l'étude du Petit-Triangle, mais ce dernier n'aura d'importance que si c'est la main d'un enfant que l'on examine, pour savoir si cet enfant sera propre ou non aux études et aux travaux intellectuels, et s'il peut espérer de ces travaux assez de succès pour s'en faire une carrière (Voir à ce sujet ci-dessus tout le § 3 du chapitre sixième IIe partie de ce livre, page 109).

VI

Une fois qu'on aura reconnu la moralité et la sociabilité de la personne (par le Quadrangle) ; son intelligence et ses capacités de santé et de travail (par le Grand-Triangle) et enfin son plus ou moins d'aptitude pour les travaux de tête (par le Petit-Triangle), on aura à examiner si les saillies, tant celles de la racine des doigts supérieurs que celles de la main elle-même, viennent confirmer les indications qu'ont données le Quadrangle ainsi que les deux triangles le Grand et le Petit.

(Voir ci-dessus la signification de chaque saillie des doigts et de la main, dans tout le chapitre premier de la IIIe partie de ce livre, page 80).

VII

Quelquefois les saillies ou bosses de la main peuvent rendre moins mauvais les pronostics donnés par les trois figures à angles, comme quelquefois aussi, si ces saillies sont tout à fait mauvaises, mal placées ou aplaties ou même creusées, elles peuvent diminuer beaucoup de la bonté des significations données par l'examen des mêmes figures, le Quadrangle et les deux Triangles.

Mais ces contradictions se produisent rarement, si ce n'est dans des organisations trop mixtes et tout à fait défectueuses, car le plus souvent les saillies ou bosses ne sont que la confirmation des indications données premièrement par la conformation de la main et des doigts, c'est-à-dire par le type, et ensuite par la disposition des figures à angles.

Les saillies indiquent aussi les passions ou sentiments dominants :

On verra par le plus ou moins d'élévation de celle du doigt index (le plus rapproché du pouce, celui que nous avons appelé doigt du commandement ou de Jupiter), si la personne examinée est sujette ou non à *l'orgueil.*

Le contraire existerait si au lieu d'une saillie à la racine du doigt index, il y avait un aplatissement, ou même un creux. Dans ce cas la personne pécherait par défaut de soin, de goût et d'amour-propre.

Le plus ou moins d'élévation de la saillie du doigt du milieu (doigt de Saturne), indiquerait si cette personne est ou non, portée à *l'avarice*, ce qui arriverait si la saillie était tout à fait nulle et aplatie.

Et si avec cela les doigts secs, maigres et osseux étaient encore déformés par des nœuds, la disposition à l'avarice serait encore bien plus confirmée.

Mais si, au contraire, on voit cette saillie du doigt du milieu à la fois haute et creusée profondément de bas en haut à son milieu par une belle ligne partant du bas de la main, ligne qui est la ligne de chance, cela prouverait d'excellentes dispositions pour les hautes études et pour sonder les problèmes les plus abstraits.

Les dispositions à la *luxure* et aux entraînements charnels, se reconnaîtraient si la main présentait, avec une ligne de cœur très-courte, la saillie de la racine du pouce (ou mont de Vénus), haute, dure et pleine de raies ou de lignes enchevêtrées en forme de grilles.

Mais le pronostic sera encore plus mauvais si à ces lignes se joint, soit la ligne que nous avons appelée anneau de Vénus (celle qui enserre d'un demi-cercle à leurs racines, les deux doigts, celui du milieu et l'annulaire), soit, ce qui serait pis encore, la voie lactée (lignes allant du bas de la racine du pouce à la saillie placée au bas du petit doigt). Car, comme nous l'avons dit, la ligne de la voie lactée indique la passion d'imagination et de tête qui fait rechercher la volupté dans les débauches les plus excentriques(1).

Les dispositions à l'*envie* et à la jalousie du bonheur d'autrui, se reconnaîtront d'abord à un Quadrangle très-étroit et très-resserré dont la ligne de cœur s'abaissera beaucoup vers la ligne de tête, ce qui indique : petitesse et mesquinerie d'esprit et de caractère par égoïsme ; joignez à cela une ligne de cœur très-mince, très-courte et sans rameau, ce qui indique : peu de cœur et manque de sensibilité morale ; plus la saillie de l'index haute mais très-grillée, signe d'ambition impuissante, tout cela avec des doigts maigres et secs, le petit doigt court et dont la racine haute et grillée se jette en dehors de la main comme cherchant à s'éloigner du doigt annulaire, ce qui signifie, pensées sombres, surtout si le bas du tranchant de la main, ou Mont de la Lune, est également haut et rayé de grilles.

Quant aux dispositions à la *gourmandise*, elles résulteront de doigts dont la première phalange (celle qui touche à la main), sera extrêmement grasse et replète, tandis que le reste de ces doigts ira s'amincissant en fuseau pour se terminer au bout presque pointus.

Dans ces conditions, la main sera lisse et molle, et la première phalange de l'index (celle de la main) sera très-longue et très-grasse, indication d'un besoin de matériel confortable et de sensualisme.

Avec cela des lignes de cœur et de tête courtes, indice qu'on ne sera occupé ni par la tête ni par le cœur, puis une racine du pouce unie et presque déprimée, ce qui indique que l'on ne sera pas davantage préoccupé de ce qui touche aux voluptés d'amour.

Reste donc uniquement le plaisir et la satisfaction de la bouche, de l'estomac et du ventre.

(1) Disons cependant qu'on peut avoir dans la main tous ces signes et ne pas être un débauché. « L'homme sage, dit le proverbe que nous avons déjà cité, dominera les astres » c'est-à-dire toute sa nature et ses penchants les plus violents.

Socrate, devenu le plus sage des hommes et des philosophes, avait, dit-on, tous ces penchants.

On reconnaîtra aussi le penchant à *la colère* et aux emportements, quand, dans une main, on verra le milieu du tranchant, ou Mont de Mars, saillant et se courbant fortement en demi-cercle.

Si à ce signe se joint la saillie du doigt de l'index haute, et que ce doigt ordinairement carré soit légèrement pointu, et avec cela une ligne de tête courte quelque longue et bonne que puisse être la ligne de cœur; aussi une ligne de vie rouge et profondément tracée ; je plains bien vivement celui qui voudra contredire les personnes dont la main est ainsi conformée. Car cette contradiction lui vaudra certainement, non pas seulement d'avoir à subir des reproches, non pas seulement des explosions d'emportements et de colère, mais peut-être bien aussi quelques horions ou taloches, pour peu qu'il ait avec le personnage quelque laisser-aller ou quelque familiarité.

Enfin les dispositions à la *paresse* et à la nonchalance, se traduiront presque comme celles à la gourmandise par une main nette et lisse avec des doigts en fuseaux, très-gras à leur racine et presque pointus au bout; la saillie ou racine de l'index presque déprimée et aplatie, signe de manque de goût et d'amour-propre. La troisième phalange du pouce (celle où est l'ongle), sera courte et le pouce court aussi, indice d'une volonté faible et d'une grande inertie.

Avec cela la saillie du petit doigt peu haute et presque déprimée, ce qui signifie manque d'industrie, d'adresse et de savoir faire. La ligne de cœur peut être très-longue, car les gens paresseux peuvent être très-affectueux et très-bienveillants, mais cette ligne ne sera ni nette ni droite.

Le plus souvent elle sera large, mais peu profonde et peu marquée, et paraîtra formée d'un grand nombre de lignes vagues, mal dessinées et en forme de chaînes, indice que l'affection de ces personnes est peu ferme et peu solide, surtout si elle leur apporte des tracas.

Les doigts pointus indiquent pour ces personnes l'horreur du mouvement et la passivité dans le repos.

VIII

Les principales lignes (celles qui forment la lettre M) : la ligne du cœur, la ligne de tête et la ligne de vie, pour être bonnes dans leur signification, doivent commencer et finir par des rameaux. Les rameaux sont comme un épanouissement de ces lignes à leur extrémité, et ils en indiquent la richesse.

Des lignes commençant ou finissant tout unies, sans rameaux, sans rejetons, indiquent : pauvreté et manque de puissance dans la qualité signifiée par la ligne.

Les saillies de même ne seront bonnes que si elles sont d'abord bien placées exactement sous la racine du doigt dont elles dépendent.

Une saillie qui se penche vers celle d'un doigt voisin, où est comme envahie et absorbée par celle de ce doigt, montre que la qualité signifiée par la première saillie, est subordonnée à la satisfaction de la qualité signifiée par la saillie vers laquelle elle est penchée.

La saillie de l'index penchée vers celle du doigt du milieu, indique une position de commandement ou de confortable empêchée par la chance ou la fatalité.

Ce serait le contraire si la saillie du doigt du milieu se penchait vers le doigt index, cela signifierait : puissance d'énergie qui a vaincu ou vaincra la fatalité.

La saillie du doigt du milieu penchée vers l'annulaire, signifiera : chance qui aidera à la renommée, de même que si la saillie du doigt annulaire se penchait vers celle du doigt du milieu, cela indiquerait une renommée empêchée par la mauvaise chance.

La saillie du doigt annulaire penchée vers celle du petit doigt, mais plus haute que cette dernière, indiquera une renommée obtenue par adresse, industrie ou invention. Si, au contraire, c'est la saillie du petit doigt qui se penche vers celle de l'annulaire, la signification sera : triomphe de l'art sur l'industrie, ou renommée artistique acquise sans calcul et sans effort d'esprit.

La saillie de la racine du pouce ou Mont de Vénus, large et envahissant une partie du creux de la main, signifiera:

puissance d'amour qui triomphera de tous les obstacles et de toutes les difficultés (le creux de la main ou plaine de Mars, signifiant lutte ou résistance).

La signification des saillies est encore bonne quand celles-ci sont lisses et unies, ce qui indiquera tranquillité et placidité dans la qualité signifiée par la saillie, au contraire des raies, grilles, etc., qui signifient trouble et empêchement pour l'exercice de cette qualité.

La saillie de l'index, lisse et unie, signifie : jouissance paisible du commandement et d'une position confortable.

Celle du doigt du milieu dans les mêmes conditions, indique : destinée unie et sans accident.

Celle de l'annulaire également disposée, sans la ligne du soleil, signifiera : renommée qui ne sera ni contestée ni contrariée.

Celle du petit doigt de la même manière, indiquera réussite paisible dans des choses d'industrie.

Enfin la saillie de la racine du pouce unie, sans raies ni grilles, signifie : puissance d'amour qui ne sera pas contrariée.

IX

S'il se trouve sur une saillie lisse et unie quelqu'un des signes bons, formés par les petites lignes, tels que des figures de soleils, d'étoiles, ces signes et figures indiqueront des épanouissements, des joies dans la faculté signifiée par la saillie.

Sur la saillie du doigt index, la figure du soleil ou d'une étoile indiquera des contentements d'orgueil, d'ambition, d'amour-propre, des jouissances de dignités, d'honneurs.

Les mêmes figures sur la saillie du doigt du milieu indiqueront des joies provenant d'événements imprévus, de cadeaux importants, d'héritages, de découvertes de trésors, ou de réussites dans de grands travaux d'agriculture ou de bâtisse.

Sur la saillie du doigt annulaire, autrement dire Mont du Soleil, les mêmes figures signifieront des bonheurs de renommée, des satisfactions dans des travaux d'art, etc.

Sur la saillie du petit doigt, ces figures seront l'indice de joies scientifiques ou de succès industriels.

Dans le creux de la main, elles indiqueront des succès de lutte contre des difficultés, une réussite de travail.

De même sur la racine du pouce, elles signifieront des succès et des contentements d'amour, et même un heureux mariage, si ce soleil ou cette étoile se rencontre en même temps sur la saillie du doigt *index.*

Et enfin sur la saillie du bas du tranchant de la main ou Mont de la Lune, elles dénoteront des joies et des succès provenant de changements importants, de voyages, etc.

Si, au contraire, sur les diverses parties, saillies et lignes que nous venons d'indiquer, se trouvaient des croix, des grilles, des chaînes, des îles ou autres figures mauvaises, ces figures indiqueraient des contrariétés, des empêchements, des retards et des difficultés dans la faculté et la puissance signifiées par ces saillies et ces lignes.

X

Maintenant, chers lecteurs, est-ce au passé, est-ce à l'avenir que doivent s'appliquer toutes les significations que nous avons vu indiquées par les divers signes de la main?

Les anciens appliquaient ces significations plus généralement à l'avenir; mais bien souvent l'événement venait contredire leurs pronostics :

Ainsi tel était devenu fort vieux, qui avait dans la main la ligne de vie fort courte ou brisée. D'autres à qui certains signes pronostiquaient une mort violente ou cruelle, mouraient tranquillement dans leur lit, tandis que d'autres qui n'avaient rien de tous ces signes mauvais, mouraient d'une mort funeste, ou pendus, ou à la guerre, ou tués dans une rixe, ou par une chute, ou écrasés, ou ensevelis dans le sein de la terre par des éboulements, ou submergés dans la profondeur des eaux, etc., etc.

D'une part ces contradictions aux pronostics donnés par des signes, le plus ordinairement n'étaient point connues des pronostiqueurs; d'autre part, quand par hasard ils arrivaient à leur connaissance, ceux-ci s'en tiraient en disant que les signes d'une main contredisaient ou corrigeaient les signes de l'autre, ou que de nouveaux signes, de nouvelles lignes, survenus dans la main, avaient modifié la destinée première.

Pour la différence qui existe entre les signes d'une main et ceux de l'autre, nous en avons expliqué l'origine et nous avons démontré que les signes de la main gauche ne corrigeaient point les signes de la main droite, ni les signes de la main droite, ceux de la main gauche; mais que seulement cette différence entre les signes de la main gauche et ceux de la main droite servait à faire connaître si les qualités de la personne étaient plus actives que passives (quand les signes les plus réguliers sont dans la main droite); ou plus passives qu'actives (quand les signes les plus réguliers sont dans la main gauche).

Quant à ce qu'il survienne dans la main d'une personne de nouveaux signes, cela est reconnu par tous les chiromanciens, tant par les anciens que par les modernes : mais précisément parce que cette production de nouveaux signes a lieu dans les deux mains de l'homme pendant tout le cours de sa vie, ces signes, excepté ceux qui révèlent des maladies, ne sont pas des pronostics pour des temps à venir, mais bien des indications d'impressions subies dans un temps passé, même dès l'enfance, et aussi, actuellement, dans le temps présent.

Comme nous l'avons dit, ces impressions, plus ou moins vives dans chaque individu, suivant son caractère, se gravent plus ou moins profondément dans le cerveau, et du cerveau se transmettent aux mains. Là est l'origine de toutes les petites lignes autres que les lignes principales, dont nous avons parlé, et ces petites lignes, comme nous l'avons dit, ou viennent barrer les grandes lignes, où se disposent en figures de diverses sortes, soleils, étoiles, carrés, triangles, îles, grilles, etc.; et par ces figures, indiquent les impressions violentes subies dans la nature de facultés attribuée à la ligne, à la saillie, au doigt, enfin à la partie de la main, sur laquelle elles se trouvent.

Rappelons-nous ce que nous avons dit que toute impression violente, même subie dans l'enfance, produit et laisse dans la main sa trace, son stigmate.

Les grandes impressions de joie produisent des épanouissements de la faculté à laquelle elles se rapportent, et se traduisent le plus ordinairement dans la main, à la partie signifiant cette faculté, par des figures de soleils plus ou moins bien formées.

Par contre, une violente compression d'une faculté quelconque aura produit un resserrement de la partie de la main à laquelle correspond cette faculté, et ce resserrement se traduira sur cette partie ou par une simple ligne en travers, ou par deux lignes en croix, ou par des croix superposées formant des figures d'étoiles (de là vient que les anciens ont regardé comme mauvaises sur une partie quelconque de la main toutes les figures d'étoiles).

Si plusieurs facultés ont été comprimées à la fois, des lignes se formeront entre les diverses parties de la main correspondant à ces facultés, de là l'origine de lignes même assez longues qui semblent réunir ensemble diverses parties de la main.

Pour connaître donc la signification de toutes ces petites lignes qui surviennent dans tout le cours de la vie, et des diverses figures qu'elles arrivent à former dans la main, il est important, comme nous l'avons fait pour les grandes lignes, d'examiner à quel endroit commence chaque petite ligne, vers quelle partie de la main elle se dirige, et à quelle partie elle aboutit.

Mais ces significations de petites lignes et des figures qu'elles forment dans la main, quelles que soient ces figures, n'ont point rapport à des événements futurs. L'avenir est à Dieu, et il ne nous serait ni avantageux ni utile de le connaître avant le temps.

Ce que nous devons chercher dans notre main, ce que Dieu y a écrit et y écrit tous les jours, ce n'est donc point l'avenir; c'est le présent, ou le passé.

Le présent nous y est manifesté par la forme spéciale de la main, celle des doigts, la disposition des saillies et des grandes lignes naturelles, par où nous sont révélés à nous et aux autres, notre organisation, notre caractère, nos facultés; et si quelque chose dans cette révélation a trait à l'avenir, c'est parce que cette connaissance de nous-mêmes et des autres peut nous éviter, dans nos relations et nos démarches, dans la direction de ceux dont nous sommes chargés etc., bien des tâtonnements et des faux pas, par lesquels, faute de cette connaissance, pourrait se compromettre et se perdre cet avenir.

Mais, comme nous l'avons vu, le passé aussi nous est représenté dans notre main. Cette représentation du passé, qui elle-même, comme celle des signes du présent, a trait aussi à l'avenir, qu'elle est destinée à corriger et à rendre plus ferme, nous est donnée, comme nous l'avons dit, par les *petites lignes* et par les figures diverses qui en sont formées.

Ces lignes et ces figuers sont la mémoire écrite et *visible* de notre expérience.

La mémoire du cerveau peut se perdre; l'oubli peut se faire, dans notre tête, même sur les événements les plus importants de notre existence. Les lignes écrites dans notre main par ces événements, ni ne se perdent, ni ne s'oublient.

Par ces lignes, pour qui sait y lire, tout notre passé peut revivre.

Elles sont le même résultat et ont la même signification que les plis et rides formés sur notre figure et sur notre front, soit par les épanouissements de la joie et du rire, soit par les contractions qu'y produisent nos chagrins, nos soucis ou nos remords.

Donc, à l'instar de notre figure et de notre front, nos deux mains sont comme *les deux pages du livre de notre vie*, où se sont réellement inscrites à notre insu « toutes nos œuvres », les bonnes, comme les mauvaises, nos joies comme nos douleurs, pour que, suivant l'expression du texte sacré, déjà mentionnée dans l'introduction de ce livre « nous les connaissions » et que nous ne puissions en fuir, ni en cacher le souvenir.

CONCLUSION

COMMENT TOUS LES CARACTÈRES SONT UTILES ET MÊME NÉCESSAIRES POUR L'HARMONIE GÉNÉRALE. EMPLOI QU'IL FAUT FAIRE DE CHACUN D'EUX.

Ce livre ouvre à la chiromancie et à l'étude de la main un aspect entièrement nouveau.

D'un art qui jusqu'ici n'a été qu'un calcul conjectural, fantaisiste, arbitraire, contradictoire et éloigné d'avoir la moindre certitude, il a fait une vraie et utile *science*.

En voyant et en cherchant dans la main ce qui s'y trouve véritablement, c'est-à-dire l'indication *physiologique* de ce qu'est un individu, par son type, son caractère, ses goûts dominants; même par ses tendances et ses penchants, qui ne sont que les aspirations de son être, conformes à sa constitution; on peut accepter jusqu'à un certain point la légitimité de ses penchants et de ses tendances. En les faisant connaître par avance, on peut les combattre dans l'enfant, pour que l'homme plus tard en soit maître, et n'ait ni à en souffrir lui-même, ni à faire de personne sa victime.

Mais, pris à temps et bien dirigés, ces penchants, ces tendances, loin d'être des défauts, deviendront des qualités, et par là se montrera l'utilité de tous les caractères et de tous les penchants. On verra et on comprendra que pour la société, pour son harmonie et son équilibre IL FAUT TOUS CES PENCHANTS et tous ces caractères. Le bon sens du peuple l'avait dit, sans le comprendre et par une sorte d'intuition : « Il faut de tout pour faire un Monde. »

Ainsi IL FAUT LES CARACTÈRES LÉGERS, amuseurs, insouciants, vivant au jour le jour, prenant le temps comme il vient, imprévoyants de ce qui viendra plus tard, amis de nouveautés et changeant constamment de projets, mais toujours d'une gaieté inaltérable, caractères tels que nous les révèle la *main lunaire* ou *lymphatique* (1).

Comme les enfants dans une famille, ils sont *la joie* de la

(1) Main n° 6, page 40.

maison, les boute-en-train de toutes les sociétés où ils se trouvent : leur gaieté appelle le rire sur les lèvres les plus tristes et les plus moroses, et elle sert à empêcher que les gens plus sérieux ne s'absorbent trop dans leurs graves pensées, et que ceux qui ont des ennuis ne se laissent trop abattre par leurs chagrins ou leurs douloureuses préoccupations ; ce qui nuirait à la santé des uns et des autres, ou les rendrait moins propres à l'accomplissement des travaux nécessaires pour le soutien et la conservation des êtres faibles dont ils peuvent avoir la responsabilité : car « pour ne pas perdre sa force, l'arc a besoin d'être de temps en temps détendu, et l'esprit d'être de temps en temps récréé.

Dans la société IL FAUT encore DES CARACTÈRES EMPORTÉS, brutaux même, pour pousser à l'activité les gens trop lents et qui, par leur organisation répugnent à l'action et ne chercheraient que des prétextes pour remettre au lendemain ce qu'il faut faire de suite.

En présence de ces caractères qui n'écoutent aucune raison, et qui ont la taloche prompte, tels que les désigne la main que nous avons appelée *musculaire* ou *martiale* (1), le meilleur pour les caractères trop lents est de faire ce que veulent ces caractères emportés, et généralement ils s'en trouvent bien le plus souvent.

D'un autre côté IL FAUT aussi DES CARACTÈRES LENTS ET RÉFLÉCHIS, même à l'excès, tels que les fait reconnaître la main *saturnienne* ou *bilieuse* (2), et les mains qui en sont mélangées, même la *bilieuse-lymphatique*, parce que cette lenteur, cette réflexion retient un peu les caractères emportés quand ils agissent pour eux-mêmes, et que, les empêchant d'agir trop vite, elle leur épargne souvent bien des regrets ou des remords.

IL FAUT aussi de CES ESPRITS SUBTILS et ADROITS même jusqu'à la ruse, tels que les révèle la *main mercurienne* ou *nerveuse-bilieuse* (3), parce que, quelles que soient les difficultés, ces caractères ne sont jamais embarrassés ; que leur intelligence trouve toujours des ressources et des moyens de se tirer d'affaire, et qu'en s'en tirant eux-mêmes, ils en tirent aussi ceux qui sont avec eux et à qui ils portent de l'intérêt.

Ils sont dans la société comme des chiens de chasse, au flair excellent, qui découvrent toujours le gibier, que sans eux on ne découvrirait pas. Seulement il faut empêcher qu'ils ne le mangent à eux seuls, et pour cela leur en donner toujours une part suffisante.

Les différents caractères, que nous venons de mentionner ne vivraient pas, peut-être, toujours en paix entre eux : l'emporté brutaliserait sans doute un peu parfois les caractères

(1) Main n° 3, page 34.
(2) Main n° 1, page 30.
(3) Main n° 5, page 38.

trop lents qui n'agiraient pas assez vite, et peut-être les maltraiterait; le rusé abuserait peut-être un peu trop de son génie d'invention pour rançonner subtilement les caractères emportés, qui le lui rendraient en taloches.

IL FAUT DONC QU'IL Y AIT aussi D'AUTRES CARACTÈRES, aussi puissants matériellement que les caractères emportés, aussi intelligents que les caractères lents, et même que les caractères subtils, quoique avec moins d'imagination; mais droits, loyaux, comprenant mieux que les caractères précédents ce qui est juste et injuste, et s'en préoccupant par dessus tout, de manière à ne pas laisser le fort opprimer le faible, ni l'intelligent, l'ignorant.

Ces sortes de caractères que j'appellerai *justiciers* et qui dérivent du tempérament sanguin ou mieux bilieux-sanguin, celui en qui nous avons reconnu la *main jupitérienne* (1) ou main *du commandement*, ont sur les autres types l'ascendant moral nécessaire pour faire respecter leurs jugements, et, au besoin, peuvent dominer matériellement l'emporté et le brutal, et le contraindre à la soumission.

Mais comme, dans son zèle de justice, le caractère précédent pourrait se montrer dur et trop inflexible contre le coupable repentant, IL FAUT DE CES AMES TENDRES, douces et miséricordieuses, souffrant même du châtiment infligé à un méchant, et se sentant portées à appeler la pitié sur lui, pour empêcher que le châtiment ne soit trop cruel ou de trop longue durée.

Ce rôle, qui est celui de la femme en général, désigne le *caractère sentimental* tel que le révèle la main que nous avons appelée *vénusienne* (2) est en effet celui qui convient le mieux à ce sexe; et en réalité, comme nous l'avons dit précédemment, il existe encore chez le plus grand nombre des femmes, quand des sentiments égoïstes et des intérêts trop personnels ne les détournent pas de leur vraie nature.

Enfin, pour que chacun ne s'absorbe pas uniquement dans les soucis de sa vie et de son bien-être personnels, ou de la génération présente, et pour que tous voient quelque chose au delà des soins et de la conservation d'eux-mêmes, et pensent un peu au bien-être des générations futures, IL FAUT DE CES ESPRITS LARGES, généreux, à tendances idéales, poétiques, comprenant instinctivement les lois du beau et des accords harmoniques de toute chose, rêvant la réalisation universelle de ces accords, de cette harmonie, et inspirés pour peindre et reproduire dans les créations de leur esprit, quelques-unes de ces harmonies, quelques-uns de ces accords, pour en faire désirer la venue ou l'introduction dans la vie usuelle.

(1) Main nº 2, page 32.
(2) Main nº 4, page 36.

Ces heureux caractères qui sont ceux que désigne et fait reconnaître, ainsi que nous l'avons vu, la *main solaire* ou harmonique (1), sont les moteurs et les agents les plus puissants de toute vraie civilisation.

Par eux les populations antiques ont été arrachées aux rigueurs et aux misères de la vie sauvage. Par eux et par leurs chants ou leurs tableaux, se sont développés les sentiments, d'abord exaltés, de la défense de leur sol et de la vie de la patrie, et plus tard ceux plus doux du foyer intérieur et de la vie de la famille.

Par eux, par ces hommes de génie, de foi, d'enthousiasme et de cœur, les sentiments de haine entre les individus, entre les nations, entre les sociétés, devront enfin s'apaiser; et un temps, si éloigné qu'il paraisse encore, viendra, où, dominés par l'enthousiasme du beau et du bon que ces hommes auront propagé, à la fois individus, familles, peuples, nations et sociétés s'entendront pour ne former de chacun et de tous qu'une universelle fraternité.

C'est le vœu que forme en finissant l'auteur de ce livre en apparence si futile.

Et ce vœu ne ressort-il pas des données et des principes mêmes de ce livre et n'en doit-il pas être la plus naturelle et la plus légitime conclusion?

Car, puisque, ainsi que je viens de l'indiquer, aucun caractère n'est mauvais, et qu'au contraire de cela, tous les caractères sont utiles et, comme le démontre notre chiromancie, tous ont leur raison d'être à tel point que si un seul de ces caractères disparaissait, la société entière serait privée d'un organe essentiel nécessaire à son développement, à sa conservation même, la conséquence n'est-elle pas qu'il faut que tous les caractères soient admis, acceptés, *bienvenus?*

Que les parents, les pères et les mères de famille sachent désormais reconnaître et ne pas blâmer, quel qu'il soit, le caractère de chacun de leurs enfants; mais qu'ayant étudié et reconnu chez ceux-ci dans leurs mains, leur caractère, ils ne s'en servent que dans le sens indiqué ici et dans tout notre livre, c'est-à-dire principalement comme *contre-poids d'un caractère opposé* dans quelque autre de leurs enfants, amis, parents, etc.

Que les enfants, entre eux, ne reprochent pas non plus à aucun de leurs camarades son caractère, ses goûts, ses dispositions; mais que, comprenant que ce caractère, quelque différent qu'il soit du leur, a pour tous son utilité, comme tout autre caractère, ils acceptent entre eux tous les caractères, prenant chacun pour ce qu'il est et pour le but pour lequel la nature l'a formé.

(1) Main n° 7, page 42.

L'étude des mains, telle que la fait comprendre notre livre, en permettant à chacun de reconnaître le caractère vrai de son voisin, contribuera, nous en avons la certitude, à rendre toute personne plus tolérante et plus juste à l'égard de tous les caractères, et prédisposera à une indulgence, à une bonté, à une bienveillance universelle de tous pour chacun et de chacun pour tous.

Et si jusqu'ici, par suite de l'ignorance où chacun se trouvait des lois et des principes sur lesquels repose notre livre, par suite, surtout des principes *tout différents* dont tous étaient imbus et prévenus les uns contre les autres, une si universelle bienveillance n'a pas été possible, même parmi des frères nés du même sang et enfants de la même famille, espérons qu'éclairés par les nouvelles doctrines *physiologiques sur la main*, bien comprises, et telles que nous les avons exposées dans ce petit volume, doctrines que nous espérons voir propager partout dans l'intérêt universel par tous ceux qui nous liront, bientôt frères, familles, peuples, nations verront cesser leurs antagonismes et leurs répulsions mutuelles, pour ne chercher plus, comme le veut la nature et *comme l'indique la différence des mains de chacun*, qu'à se compléter les uns par les autres, de manière à ne former plus enfin de tous les membres de la famille humaine qu'un accord de chacun avec tous pour la conservation universelle, et une harmonie de tous avec chacun, conservant et rendant chacun bon et heureux !

FIN DE CE QU'ON VOIT DANS LA MAIN.

APPENDICE

COMMENT PAR LA CONNAISSANCE DE LA COULEUR QU'UNE PERSONNE PRÉFÈRE, ON PEUT CONNAITRE LE TEMPÉRAMENT ET LE CARACTÈRE DE CETTE PERSONNE, ET INDIQUER, MÊME SANS LES AVOIR VUES, LES PRINCIPALES LIGNES, SAILLIES, ETC., QU'ELLE PEUT AVOIR DANS LA MAIN.

De même que, ainsi que nous l'avons vu et expliqué dans tout ce livre, il y a dans l'Humanité sept tempéraments principaux, auxquels répondent les sept principaux caractères que nous avons fait reconnaître par les formes différentes des mains de chacun d'eux, de même il y a en rapport avec ces sept caractères *sept différentes couleurs* dont chacune par sa nature est plus en harmonie avec l'un de ces caractères, et par cette harmonie même est destinée à lui plaire davantage que toutes les autres couleurs.

Il y a plus, et pour nous c'est un fait très-remarquable, c'est que comme parmi les sept couleurs il y en a de *pures*, c'est-à-dire sans mélange d'aucune autre couleur, et de *mélangées*, c'est-à-dire formées de la réunion de deux des couleurs pures, la préférence pour l'une des premières indique un caractère pur et sans mélange, de nature franche et décidée; tandis que le goût pour l'une des couleurs mélangées indique un caractère également mélangé et de nature peu solide ou variable, et auquel il y aura peu à se fier, soit qu'il manque ou de franchise, ou de décision, ou de stabilité, ou de puissance sur lui-même, etc., etc., comme nous allons le voir par l'explication des caractères représentés par les diverses couleurs.

I

LES COULEURS PURES.

l n'y a que trois couleurs pures, c'est-à-dire qui ne soient mélangées d'aucune autre couleur. Ce sont le *jaune*, le *rouge* et le *bleu*.

1° LE JAUNE.

Tempérament et caractère représentés par cette couleur.

De toutes les couleurs, la couleur jaune est la plus ferme et la plus décidée. Elle est aussi celle qui se voit de plus loin, de même qu'elle est la plus solide dans les teintures.

Eh bien, par une analogie bien remarquable, la couleur jaune est aussi celle que préfèrent les caractères les plus sérieux, les plus graves, les plus énergiques, les plus solides et les mieux trempés, lesquels sont aussi les plus impérieux et les plus dominateurs, tels sont ceux que donne le type de la constitution et du tempérament bilieux, le plus fort et le plus énergique de tous les tempéraments.

Or, on remarquera que la bile est jaune. Une autre particularité qui frappera l'observateur et qui contribuera encore davantage à nous donner raison, c'est que le peuple chinois, le plus bilieux de tous les peuples, a toujours eu le jaune pour couleur préférée.

2° LE ROUGE.

Tempérament et caractère représentés par cette couleur.

Le rouge, couleur voyante, la deuxième des couleurs pures, commande et domine, après le jaune, toutes les autres couleurs. Car, malgré qu'elle paraisse, au premier aspect, même plus éclatante que le jaune, elle n'a du jaune ni la fermeté, ni la solidité. Elle ne peut pas non plus se voir d'aussi loin. Elle est donc inférieure au jaune pour ces divers points.

Aussi le caractère des personnes qui ont le goût de la couleur rouge, quoique très-franc dans ses manifestations, quoique même très-dominateur et aimant à s'imposer bruyamment, n'a-t-il ni le sérieux, ni la solidité de celui des amateurs de la couleur jaune. Bien au contraire les personnages de ce caractère se montrent partout, tels que les a faits le tempérament *sanguin* qui est leur type, gais, amis du plaisir et des réunions, et même sensuels. Aussi est-ce leur amour du faste, de l'éclat, de la domination qui leur fait préférer dans leur extérieur et dans leurs vêtements à toutes les autres couleurs le rouge qui, du reste, dans tous les temps et presque chez tous les peuples fut toujours la couleur du commandement.

Qu'on se rappelle le manteau de pourpre qui couvrait comme signe de leur pouvoir, les épaules des consuls et des empereurs chez l'ancien peuple romain, ce peuple, le plus dominateur de tous les peuples du monde.

3° LE BLEU.

Tempérament et caractère qu'il représente.

Le bleu tendre ou d'azur, la troisième des couleurs pures, semble être la couleur féminine par excellence. Sa pureté rappelle l'azur du ciel et fait rêver des esprits ou génies qui habitent les sphères d'en haut.

Aussi la préférence pour la couleur bleue se rencontre-t-elle surtout dons ces âmes naturellement tendres, au cœur franchement sensible et aimant, telles que les donne l'organisation de la femme blonde, la femme primitive, dit-on, et dont le type que nous avons appelé *sentimental* et aimant, conserve encore dans ses yeux sa couleur préférée.

II

LES COULEURS MÉLANGÉES OU MIXTES.

Ce sont, nous l'avons vu ci-dessus, celles qui résultent de l'union ou mélange de deux ou de trois des couleurs pures ci-dessus expliquées. Les nuances données par ces mélanges sont à l'infini, suivant que dans le mélange il y a plus ou moins de telle ou telle couleur; surtout si on les modifie encore en y ajoutant du noir ou du blanc. Nous ne parlerons ici que des couleurs formées par un mélange égal de deux couleurs pures. Cela suffira pour établir le rapport de ces couleurs avec nos divers types de caractères connus. Les trois couleurs principales formées par le mélange de deux des trois couleurs pures sont également au nombre de trois : le vert, le violet et le brun ou bistre.

1° LE VERT.

Tempérament et caractère qu'il représente.

Le vert est formé d'un mélange du jaune avec le bleu. Il n'est donc point une couleur pure. Aussi les personnes pour qui le vert est la couleur préférée, et qui — ce qui est assez remarquable — ont le plus souvent des yeux tirant sur cette couleur (presque toujours vert foncé ou vert-bronze), sont-elles également de tempérament mixte ou mélangé, généralement nerveux-bilieux. Leur caractère se ressent même du même mélange. Car, à beaucoup d'intelligence et même à une grande subtilité d'esprit, il réunit très-souvent un excès de sensibilité nerveuse qui, dans bien des cas, paralyse chez ces personnes la hardiesse et les empêche d'aller droit à leur but, même de l'avouer en temps opportun et utile, ce qui nuit beaucoup à leurs succès extérieurs.

Du reste leur penchant à la dissimulation et à la ruse leur fait trouver un malin plaisir à déjouer par leur adresse les animosités les plus violentes.

Malheureusement les personnes de ce caractère, surtout quand une forte éducation morale ne les retient pas suffisamment, sont portées quelquefois à se servir de leur intelligence et de leur adresse pour des actes peu loyaux ou peu probes.

Nous avons donné dans notre conclusion de ce livre, en parlant des caractères subtils, le moyen de prévenir ou d'empêcher chez ces sortes de caractères tous ces écarts.

2° LE VIOLET.

Tempérament et caractère que cette couleur signifie.

La couleur violette est formée de l'union du rouge avec le bleu qui l'adoucit et semble vouloir en éteindre l'éclat. Elle est donc l'emblème naturel de la modestie et de la timidité.

Aussi est-elle la couleur que préfèrent les personnes au caractère empreint de ces deux qualités, auxquelles qualités toutefois s'ajoutent le plus souvent chez ces personnes, beaucoup de tendance au changement, à l'inconstance et à la mobilité.

Ces caractères sont ordinairement le résultat d'un tempérament ou d'une organisation en qui domine le lymphatisme (sang mêlé d'eau) à ses divers degrés, soit le lymphatisme sanguin (sang et lymphe) qui déjà produit la couleur violette, soit le lymphatisme nerveux, etc.

3° LE BRUN OU LE BISTRE.

Tempérament et caractère dont il est l'emblème, etc.

Pour ce qui est de la couleur brune, aussi appelée bistre, couleur qui est formée de l'union du jaune avec le rouge, lequel prend alors la teinte dite sang-de-bœuf, elle est surtout du goût de ces esprits, violents, emportés et brutaux, tels que les donne le type que nous avons appelé en chiromancie musculaire ou martial, type dont nous avons néanmoins, dans notre livre et dans sa conclusion, fait connaître l'utilité sociale à la condition qu'il soit retenu ou corrigé par la domination d'un caractère plus fort et surtout par une éducation spéciale.

La même couleur, avec dominance de noir, sera aimée par ces esprits sombres et atrabilaires, au caractère triste et chagrin, tels que les produit souvent le tempérament *bilieux-lymphatique*, en qui ne se rencontre qu'une intelligence froide et dure, sans aucun mélange ni de sensibilité nerveuse, ni de vivacité sanguine.

III

LA COULEUR D'OR.

A quel tempérament et à quel caractère se rapporte cette couleur.

Quant aux esprits généreux, grands, magnifiques et magnanimes, amis du beau, des splendeurs et de l'harmonie dans

TABLEAU INDIQUANT LA CORRESPONDANCE DES SEPT COULEURS

Avec les sept principaux tempéraments et caractères, et faisant connaître la couleur préférée par chacun avec le nom de la planète qui s'y rapporte.

TEMPÉRAMENTS ET TYPES.	CARACTÈRES.	COULEURS PRÉFÉRÉES.	PLANÈTES.
Bilieux.	Sérieux et penseur.	JAUNE-ORANGÉ.	Saturne.
Sanguin.	Jovial, bruyant et dominateur.	ROUGE.	Jupiter.
Nerveux.	Sentimental et aimant.	BLEU.	Vénus.
Nerveux-bilieux.	Fin, adroit et rusé.	VERT.	Mercure.
Sanguin-musculaire.	Violent, emporté et brutal.	BRUN { Bistre ou Sang-de-Bœuf.	Mars.
Lymphatique.	Mou, lent, inconstant, timide et modeste.	VIOLET.	LUNE.
SOLAIRE ou harmonique.	Grand, généreux et artiste.	LUMIÈRE ou OR.	SOLEIL.

tous les genres, tels que se montrent généralement les vrais artistes, et tels que les produit un ensemble heureusement équilibré de ce que contiennent de meilleur les diverses constitutions pures, la bilieuse, la sanguine et la nerveuse, toutes les trois modérées et adoucies par un léger mélange de lymphatisme qui en maintient le calme, nous en avons désigné le type dans notre chiromancie sous le nom d'organisation harmonique ou *solaire*.

Il est donc évident que les personnes de ce type, tenant du soleil leur constitution organique, la couleur qu'elles préféreront sera celle même du soleil, autrement dit celle de la LUMIÈRE elle-même, représentée surtout dans ses points éclatants et lumineux, aux reflets de pourpre et *d'or*.

Et l'on remarquera que chez les natures ainsi douées, non-seulement les cheveux, mais encore la barbe et tous les poils sont d'un blond dont les reflets brillants reproduisent exactement *la couleur de l'or poli*.

Le tableau ci-contre, page 136, résume chaque couleur préférée et la présente en rapport avec le tempérament et le caractère des personnes qui ont cette préférence, donnant en plus l'indication complète de la signification et du rapport planétaire mythologique assigné à chaque couleur.

Pour savoir maintenant, même sans regarder les mains d'une personne dont on connaît la couleur préférée, quelle forme, quelles saillies, quelles lignes doivent dominer dans ses mains, il suffira de savoir quelle forme, quelles saillies, quelles lignes dominent aux mains des divers tempéraments, ce que nous avons indiqué plus haut avec beaucoup de détail dans tout le courant des chapitres de ce livre (1).

Si ces chapitres ont été bien étudiés et bien compris, rarement on se trompera en indiquant telle forme, telles saillies, telles lignes pour telle ou telle main, suivant le type et le caractère, même en ne connaissant que la préférence de la personne pour telle ou telle couleur, soit de celles que nous avons appelées pures, ou de celles que nous avons dites être mélangées.

(1) III, Ire partie, résumé par le tableau, page 46. — I, II, III et IV, 2me partie. — I, II, III, IV, V et VI, etc., 3me partie. Voir également les tableaux, pages 89 et 90.

FIN DE L'APPENDICE ET DE TOUT L'OUVRAGE.

TABLE DES MATIÈRES

PREMIÈRE PARTIE

ORIGINE DE LA CHIROMANCIE.

DEUXIÈME PARTIE

LES DIVERSES DIVISIONS DE LA MAIN ET LES SIGNIFICATIONS QUI LEUR ONT ÉTÉ ATTRIBUÉES.

TROISIÈME PARTIE

LES SIGNES DE L'INTÉRIEUR DE LA MAIN

FIN DE LA TABLE.

CORBEIL. — TYP. ET STÉR DE CRÉTÉ FILS.

www.ingramcontent.com/pod-product-compliance
Ingram Content Group UK Ltd.
Pitfield, Milton Keynes, MK11 3LW, UK
UKHW020913180726
13838UKWH00002B/512